一神教と戦争

橋爪大三郎
Hashizume Daisaburo
中田 考
Nakata Ko

a pilot of wisdom

Monotheism And War
by
NAKATA Ko and HASHIZUME Daisaburo
Shueisha Inc., Tokyo Japan 2018:12

はじめに

橋爪大三郎

日本人がひどく苦手なのが、イスラーム教である。

「苦手である」と意識すらできないほど、苦手である。

なぜ、そうなるのか。

まず、日本には、イスラーム教徒がほとんどいない。なるほど最近では、イスラーム諸国からの留学生や渡航者が増え、それなりに目につくようにはなった。が、日本人の意識のなかに、「イスラーム」の場所があるかどうかと言えば、微妙である。日常考えることもない、という日本人が大部分ではないだろうか。

歴史的にも、日本は、イスラーム文明に接触するチャンスがなかった。世界中を見渡しても、珍しいケースである。グローバル化の時代にこれは、致命傷になるかもしれない。「イスラーム初心者」だと自覚したら、すぐにいちから勉強したほうがいい。

＊

イスラームは、いまからおよそ一四〇〇年前、アラビア半島で生まれた。たちまちのうちに版図を拡大し、エジプト、シリア、メソポタミア一帯を征圧した。民族や言語、文化をまたいだ、人類サイズの宗教文明を形成した。イベリア半島、バルカン半島、中央アジア、インド方面にも進出した。クルアーン（コーラン）[*1]を法源とするイスラーム法学を発展させ、その文明は繁栄をきわめた。イスラーム世界はいまもまだ、往時の残照のなかにある。

ヨーロッパ世界は当然、イスラームの存在を意識せざるを得なかった。相手は同根の一神教である。しかも、優勢である。キリスト教を防衛する、護教の意識が先鋭になった。近代になると、武力にものを言わせ、イスラーム世界を次々植民地にした。その後、旧植民地から多くの移民を受け入れて、今日に至っている。日常の接触のなかから生まれた知識（偏見）が、育っている。

インド文明は、地理的な近さから、幾度となくイスラーム勢力の侵入を経験した。この地域には、数億人のムスリムがいる。にもかかわらず、多神教のヒンドゥーと一神教のイスラームとは溶け合わず、互いに反目しつつ、呉越同舟している。インドに暮らす人びとは、イスラームを一日たりと意識しないで暮らすことはできない。

中国文明は、中央アジアを経由して、ユーラシア大陸のあらゆる文化や文明と触れてきた。

清朝は中央アジアを支配下に収め、今日の新疆《しんきょう》ウイグル自治区にあたる地域を支配した。住民の多くはムスリムである。北京《ペキン》など大都市をはじめ、中国の全土に、ムスリムのコミュニティーがある。「清真餐庁」の看板は、イスラーム純正食品（ハラール）を提供するムスリム食堂のこと。イスラームは中国の一部として、人びとのなかに根づいている。

島国の日本は、つい最近までイスラームと接触しなかった、珍しいナイーブな民族である。だから本書のような、イスラームについて肌感覚で理解できる、一般向けの書物が不可欠なのである。

＊

いまから一〇〇年ほど前、わが国にも、イスラームについて研究を進めなければならないとする、活発な動きがあった。そのリーダーが、大川周明である。大川周明の『回教概論』（ちくま学芸文庫）は、今日でも十分に通用する、優れたコンパクトな概説書だ。大川周明を先駆者として、日本のイスラーム学が始まった。

当時の日本は、欧米列強と対立を深め、アジア・第三世界と連携する新しい世界秩序を模索していた。その流れで、優勢なキリスト教文明に圧倒され苦しんでいたイスラーム世界に、共感のまなざしを向けたのである。マレー半島やインドネシアの植民地にも、ムスリムの人びとが暮らす。大川周明の『復興亜細亜の諸問題』（中公文庫プレミアム）は、まるでいま書かれたのではないかと思うほど、欧米列強の圧迫のもとで分断され呻吟《しんぎん》するイスラーム世界の各地の実情を、同胞の温かなまなざしでつぶさに描いている。

対米英戦争の敗戦をへて、わが国は、イスラームを同胞として視《み》る感度を忘れてしまった。まずそれを、取り戻すことから始めよう。

＊

グローバル化の時代、情報は至るところにあふれている。多すぎるほどである。それなのになぜ、イスラームについての像がしっかり結ばないのだろうか。

それはまず、メディアのバイアスによる。情報はほとんどが、欧米のメディアを経由して流れている。キリスト教文明圏の利害と関心を下敷きに、彼らの理解できない他者である、イスラームについての情報が生み出されている。意図してもしなくても、イスラームの実態からずれてしまう。その歪《ゆが》みを補正する術《すべ》を持たないと、イスラームについても世界についても、より正しい像を手にすることはできない。

加えて、学問のバイアスもある。人文学や社会科学の多くは、キリスト教文明圏のものの考え方をベースにしており、概念や分析装置がそもそも、キリスト教の発想をなぞるようにできている。日本の学者が少々努力したぐらいでは、そのバイアスから抜け出ることはできないのである。

そうしたとき、中田考先生の存在は貴重である。

中田先生は、通常の神学やイスラーム学を修めただけではない。イスラームの信仰に生きる信徒として、イスラームの法学や哲学に内在し、クルアーンに浸り、イスラーム世界のあちこちで悩み苦しむ人びとのそれぞれの場所から、問題を掘り下げていく。ムスリムの人びとと同じ目線で、多くの気づきを与えてくれる中田先生の論考は、わが国のイスラーム認識を、新しいステージに導いた。その中田先生と今回、「一神教と戦争」を切り口に対談する機会を得られたことは、私個人にとってもかけがえのない勉強のチャンスであり、大きな喜びである。

＊

わが国が人類社会について、はっきりした展望を持ち、明確な提言を行なうことができないでいるのは、イスラーム世界が盲点のようになっているからである。こう考えてもよいほど、日本人の世界認識は歪んでいる。これを放置できない。そうした危機感を、中田考先生と私は共有している。

では、どうするか。まずいったん、イスラームに内在し、イスラームの視点から、ヨーロッパ文明の問題点をとらえ直してみることだ。

イスラームは確かに、近代と折り合いが悪い。対談のなかでも繰り返し語られるが、まず、国民国家（ネーション・ステート）を構成しづらい。「法人」の考え方がないからである。自然法の考え方がなく、代表や国家主権の考え方もない。利子も認められない。それでも、近代以前のかなりの期間、イスラームは高度な文明を築き、人類社会をリードすることができた。イスラームの実定法に基づいて、人びとの間に直接に連帯の関係を生み出し、信仰共同体を築くことができたからだ。

イスラームのこの特性は、近代を通り越した、ポスト近代を念頭に置くと、かえって折り合いがいい可能性もある。中田先生はこれを、「カリフ制の再興」と呼ぶ。イスラームの文脈から言えば、それはカリフ制の再興であろう。だが、イスラーム世界の外側を生きる人びとにとっては、やがて訪れるポスト・ネーションの時代を覆う制度の傘の、ヒントを与えてくれている。

キリスト教に基づく西欧的な教養と、イスラームについての深い理解と見識が、交錯するなかから化学反応が生まれ、これからの時代を導くヴィジョンを生み出す。本書がそうした、時代の期待に応える課題の出発点となっているかどうか、読者の皆さんとともに確かめてみたい。

＊1　クルアーン　イスラームにおける根本啓典。ムハンマドが六一〇年から六三二年に亡くなるまでの二二年間にわたって、アッラーから啓示された啓典。一一四章からなり、アラビア語で「読《どく》誦《しょう》されるべきもの」を意味する。コーランとも。邦訳は大川周明や井筒俊彦によるものなどがあるが、近年のものだと中田考監修の『日亜対訳　クルアーン――「付」訳解と正統十読誦注解』（作品社）が挙げられる。

目次

第一章　戦争観の違い　イスラームvsキリスト教

「すべての宗教はイスラームに帰する」

中田　これから社会学者の橋爪大三郎先生と、「一神教と戦争」というテーマでお話しさせていただくわけですが、その前に、私自身のことを少しお話ししておきたいと思います。私は、イスラームを専門とする研究者であり、イスラーム教徒でもございます。東京大学にイスラム学科という専攻がございまして、これが日本で唯一イスラームの思想を専門的に勉強できるところです。そこで一年間勉強した後、一九八三年にイスラームに入信していますので、もう三五年ほど、イスラームの研究者、イスラーム教徒として生きてまいりました。ですから、今日はイスラームの立場、イスラーム教徒としての立場からお話をすることになります。

授業などで話をする時には、イスラームとは、七世紀にアラビア半島にムハンマド*1という預言者があらわれて始めた宗教という言い方をしますが、イスラーム教徒が実際にそういうふうに考えるかというとそうではありません。

イスラーム教徒はアダムが最初の預言者だと考えております――アダムというのは、あのアダムとイヴのあのアダムですね。アラビア語で言うとアーダムとなります――そして神の宗教はすべてイスラームだというふうに考えています。つまり基本的にはユダヤ教もキリスト教もすべてイスラームであるということです。

ユダヤ教とキリスト教の場合は、それぞれモーセ[*2]とイエス[*3]が最も偉大な預言者となって、たくさんのメッセージが送られたのですが、その預言者がいなくなるとだんだんと教えが歪曲《わいきょく》されていき、その後にムハンマドがあらわれて最終的にそれを正したという立場をとっています。ですからすべては同じ宗教であり、イスラームに帰するということです。

啓蒙《けいもう》ということでいえば、大抵の宗教は光をポジティブなイメージでとらえ、真理の象徴としていますが、まさにイスラームは光である。聖典であるクルアーンは光である。人類に光をもたらし、人びとを闇から光へ連れ出したと。そういうイメージで語られます。

宗教学、比較文明論の立場から言っても、だいたい紀元前の五、六世紀から、仏教、道教、儒教、キリスト教、イスラームといった人類を対象にした世界宗教が生まれてきたとされています。イスラームが最後に出てくるわけですが、本当の意味で普遍的な宗教という概念が生まれるのはイスラームにおいてであるというふうに言われています。それまでは仏教にしてもユダヤ教、キリスト教にしても、自分の宗教と他のすべての異教も含めてすべてを包括する普遍的な「宗教」という言葉も概念もなかったと言われています。イスラームにおいて初めて偶像崇拝の多神教も含めて宗教というものがあるとの認識が生まれたのです。クルアーンによるとアッラーは、預言者ムハンマドに当時のマッカ*4（メッカ）の多神教徒たちに「あなたがたにはあなたがたの宗教（ディーン）があり、私には私の宗教がある」と言え、と命じています（一〇九章六節）。たくさんある宗教のひとつとしてイスラームを見る。つまり、まず多神崇拝、偶像崇拝などいろいろな信仰と行為の体系をすべて「宗教」として一般化し、いったん自分の宗教をそうした宗教のひとつとして相対化したうえで、あらためてそうした数ある宗教の中でイスラームこそが「唯一の正しい宗教」であるとの立場です。

その意味でのイスラームは、ムハンマドが伝えた狭義の実定宗教（positive religion）としてのイスラームではなく、原始宗教をも包括し、すべての時代のすべての民族に通ずる普遍的な人倫の道であるわけですが、その中で最も完成された最終形態がムハンマドが伝えた実定宗教としての狭義のイスラームであり、それが世界へ広まるという立場を取るわけです。その中から、場合によってはその教えを守り広げる手段として戦争も起きてくる。非常に大きな枠組みではございますが、そういう考え方で世界を見ていくということが私の見方になります。

キリスト教での「啓示」と「理性」

橋爪　なるほど。大変意義深い問題提起をいただきました。イスラームの立場からは、そう考えるのかと、興味深くお聞きしました。

私は、キリスト教の側から、普通の哲学や歴史の側から、お話ししたいと思います。

預言者を通して神の啓示がもたらされ、それが、聖書などの書物となって、人びとに読まれる。これが確かに本筋です。

でも、キリスト教には、こうした啓示とは別の、もうひとつの啓示があります。それは理性を通じて得られる啓示です。理性に基づく、数学や自然科学の活動のなかで知識が深まっていき、この世界を創造した神の設計図が読み解かれます。これも、啓示だと言ってもよい。

キリスト教の立場では、このふたつを分けるのです。そして、ふたつの啓示は、必ずしも一致しません。神が預言者を通じて伝えることがらは、啓示としては本筋です。預言者が神の言葉を伝えるのだから、それを信じなさい。これが、キリスト教の立場です。が、何から何まで啓示されるわけではない。啓示されていないことがらもある、というのもキリスト教の立場です。啓示と啓示の間に、隙間がある。隙間については、自分で考えなければいけない。でも、自分で考えようとすると、勝手に考えることになってしまう。神の意思にかなうように考えるには、どうしたらいいのか。それをつきつめて、理性の観念が出てくる。理性は神が、人間に与えたものなのです。

理性は、どんなものか。コンピュータのタブレットを、皆さん、クラウド*5につないだりしているでしょう。理性は、神の管理するクラウドの、共有ソフトに当たるのです。それをダウンロードして、みんな使っている。神のソフトだから、間違えない。そして、ダウンロードしたのだから、誰の理性もみな同じ。生まれた瞬間に、一人ひとりの頭脳に植え込まれたものなのですね。

というふうに、キリスト教は啓示のあり方を分けているのですが、中田先生のお話を伺っていると、イスラームは分かれていませんね。分かれているようには聞こえなかった。

理性についての考え方は、キリスト教徒は、イスラームの学問からいろいろ習ってきたという歴史があります。でも、あとで、勝手に二次創作して改竄《かいざん》しているのかもしれません。この点、どうお考えですか。

イスラーム法が根幹で、「理性」は補完

中田　その理性の概念についてですが、イスラームが学問として体系化されるにあたっては確かにギリシャ哲学の影響を非常に強く受けております。八世紀ぐらいに、当時あったギリシャの文献がほとんどアラビア語に訳されていますので、イスラームの哲学者、神学者たちはその

アラビア語に翻訳されたもので勉強し考えていくようになります。ただ、アラビア語で理性を「アクル」というのですが、この言葉はギリシャ哲学が入って来る前からあるのです。とっくに日常言語としてあった言葉なので、ギリシャ哲学が入ってからのものとはかなり意味が違います。もともとのアラビア語の「アクル」とは、常識的な判断力といった意味に近いもので、形而上学的なギリシャ哲学の意味とはだいぶ違います。

イスラームの場合、この啓示と理性の問題は、キリスト教ほど問題にはなりません。両者が矛盾するという考え方もありません。いまの橋爪先生のお話を伺うと、キリスト教のほうはあくまでも聖書からの啓示のほうが主であって、その啓示の隠れている部分を人間が理性でどうとらえていくかというお話でしたが、むしろイスラームはその逆です。

先ほども申しましたように、最後の預言者ムハンマドがあらわれる前には、たくさんの預言者がいましたが、それぞれ細かいところは違っていても、すべての預言者の教えは根本においてはひとつであるというのがイスラームの考え方の基本です。人類の宗教は基本的に同じという考え方で、いまもそうですが、人類の進歩によって、だんだん理性や知性のレベルが深まってきた時に、最後の預言者ムハンマドの天啓法が与えられます。この天啓法が「シャリーア」と呼ばれるもので、ユダヤ・キリスト教の律法「トーラー」に対応します。そしてその天啓法が最後の審判まで永遠に続く。これがイスラームの考え方です。一般にイスラーム法と呼ばれているものはこの天啓法「シャリーア」の行為規範の部分です。本書では今後それを便宜上「イスラーム法」と呼ぶことにします。

ではそのイスラーム法は理性でわかるものかというと、そうではなく、理性ではわからないものです。例えば、イスラームでは一日に五回の礼拝の時間が定められています。神と語り合う時間です。そうした時間があるのは良いことだとは理性で理解できる。でも、それを一日に五回やるのがいいのか、六回やるのがいいのか、一〇回やるのがいいのか、そこまでは理性ではわからない。あるいは礼拝の仕方もそうです。だいたい立ったり座ったりを繰り返しますが、その仕方がいいのかどうか、細かいところはわからない。そういう理性でわからないことを知らせるのが啓示の役割なのです。実のところギリシャ哲学の影響を受ける前のアラビア語には「フィトラ」、天性、あるいは現在の我々の感覚だと「本能」に近い意味の言葉があり、おおざっぱな善悪、是非の認識、判断は、「アクル（理性）」以前にこの「フィトラ（本能）」によってなされる、というのが本来のイスラームの教えなのですが、ここでは議論が煩雑になりますので、ユダヤ・キリスト教の神学でなじみの「啓示と理性」の問題系に無理やりに落とし込んで話を続けます。

人間は理性だけでは善悪をおおざっぱには知ることができても、細かいところまではわかりません。また、利害に関しても、これをやると利益がある、不利になるということは、実はわかりません。我々人間には歴史を最後まで見通すことができませんので、そのことが最終的にどれだけの益があってどれだけの悪があるのか知り得ないからです。キリスト教でも「暗黒時代」とされてきた中世が再評価されるなど、物事の良《よ》し悪《あ》しは何世紀も経《た》って初めてわかる、ということが珍しくありません。またそうした再評価もまた何世紀かしたらひっくりかえるかもしれません。結局、物事の本当の理非は、歴史も含めて宇宙全体を、最初から最後までつくられた神にしかわからないことだから、神の判断に任せましょうということです。ですので、理性はそれを補完するものとしてあるというのがイスラームの考え方です。

橋爪　やっぱりイスラームは、キリスト教のとらえ方とだいぶ違うのですね。

まず、いちばんの違いは、イスラームには法律があり、その法律が神の啓示（クルアーン）に基づいていることです。なぜ礼拝は六回でなくて五回なのかとか、人間に理解できないいろいろな前提が、クルアーンには書かれています。

でも、理性は、何かの前提から出発する、そのあとの操作の話です。前提に何を置くかは、もともと、理性の守備範囲ではないのです。これは、ユークリッド幾何学を考えてみれば明らかです。ユークリッド幾何学は、公理から出発します。公理を認めさえすれば、そこから先の証明は誰がやっても同じで、定理が次々演繹《えんえき》によって導かれていく。でも前提がなぜ、この五つの公理でなければならないのかは、理性が解決すべき問題ではないのです。

イスラーム法学も、これと同じようにできています。クルアーンの中にあるいろいろな前提は、無条件に認めましょう。それをどうイスラーム共同体に適用するかに関して、理性を用いるべきであって、それを担うのが、イスラーム法学者です。いちばん優れた知性が法学者となり、イスラーム世界を組織している。いまのお話を聞いていると、ユークリッド幾何学のギリシャ的理性と、イスラームの法学世界とは、同型だと思いました。

キリスト教世界は、そうなっていません。アリストテレス[*6]やユークリッド[*7]は、キリスト教徒でなく、キリスト教が広まる前に哲学や幾何学をやっていたのです。その学問があまりにすばらしかったので、キリスト教神学はこれを取り入れたのですが、実はキリスト教は、ギリシャの考え方を潜在的に敵視しているんです。

ギリシャ思想は、確かに初期のキリスト教のなかに入ってきましたが、あくまで異端として入ってきたわけです。それは、グノーシス[*8]と呼ばれています。グノーシスは、光と闇とか、二元論的な神秘思想を繰り広げました。そして大論争のすえ、異端としてはじき出され、キリスト教の中からほぼ一掃されています。一掃された結果どうなったかと言うと、啓示が主になる。例えば三位一体説は、父（神）と子（イエス・キリスト）と聖霊が異なるペルソナを持つけれども同じ実質を持つといった、とても理性では理解できないドグマ（教義）なのですが、これが啓示に基づく真理であり、それを説明するのが神学であるという順序になります。哲学という学問はあっても、神学の一部なのですから、哲学自身が何かやってはいけない。哲学は神学の附属物にされているわけです。

キリスト教には、イスラームと異なり、イスラーム法に当たるキリスト法なるものがありません。聖書は、神学の教えるとおりに信仰の書物として読めばよい。理性的に読んで、キリスト教徒の生活をこうやって組織しよう、などということははじめから期待されていないのです。

そこで、王様が勝手に王国をつくったり、商人が出てきて勝手にビジネスをやったり、誰かが勝手に戦争をしたりしても、神学的にも哲学的にも説明のしようがない。現にそうなっているものは仕方がない。これがヨーロッパの歴史で、これを何とかしようと神学と哲学が頑張り始めると、だんだんルネッサンスになっていくという流れになります。

こういう流れからしても、イスラームとはやはり大変に違った世界であると思います。

中田　おっしゃるとおりで、私の専門としていますイブン・タイミーヤ[*9]（中世シリアのハンバリー派イスラーム法学者）という人はギリシャ哲学を厳しく批判した人ですが、とくにギリシャ哲学のネオプラトニズムのような形而上学的部分は一切認めようとしていません。しかしギリシャ哲学の道具的な部分、例えば論理学の実用的な部分はかなり受け入れられて、イスラームは理性的な宗教であると自己認識されています。

テロは政治目標を達成する手段

中田　では、イスラームは戦争やテロをどのように考えているか。本題のほうに移りたいと思います。最初に政治としての戦争、テロの話をしたいと思いますが、同じ戦争という言葉を使っても、古代の戦争と現在の戦争というのはまったく違うものです。とくに私のようにイスラームのことをやっておりますと、言葉の使い方に非常に気を使います。いま我々は日本語でしゃべっているわけですね。そこでいう戦争と、英語あるいはヨーロッパ語の戦争「ウォー」と、アラビア語の戦争「ハルブ」の意味合いはかなり違うと思います。とくに、テロという言葉に関しては、ヨーロッパとイスラームではまったくとらえ方が違う。現代アラビア語には欧米語の「テロ」からの翻訳語としてのテロに当たる言葉「イルハーブ」はありますが、私のやっている古典にはその言葉自体がないのですね。というようなところから話をしていきます。

アラビア語でも「戦争」に当たる言葉はあり、「ハルブ」と言います。ただ、預言者ムハンマドの時代にあった戦争といまの核兵器を使っている戦争を同じ言葉で扱っていいのか。そろそろアメリカの最先端ではロボットが戦闘の主流になり、戦争の主役は人間ですらなくなりつつあります。それはとりあえず置いておいても、まずは、戦争と政治、これをどこまで分けることができるのか、その話をしたいと思います。プロイセンの軍事学者カール・フォン・クラウゼヴィッツ[*10]の定義によれば、戦争はあくまでも政治の一部であるととらえられています。

橋爪先生の著書『戦争の社会学　はじめての軍事・戦争入門』（光文社新書）で、私も勉強させていただきましたが、一点だけ、テロに関する部分だけは私と考え方がまったく違っておりました。橋爪先生が使われているテロの用法は、アメリカやヨーロッパ、あるいはメディアが使っている用法です。ごく最近ヨーロッパでも何件か起きていますが、IS（Islamic State：イスラーム国）の指令を受けた、あるいは共感した人間が市民を殺す、そういうことにテロという言葉を使っている。これが現在の用法ではあるのですが、私には用語として間違っているように感じられます。

言葉というものは、もともと恣意的なものです。基本的に言葉というものはどう使ってもいい。極端な話、月をテロと呼ぼうと、スッポンをテロと呼ぼうと構わないといえば構いません。

しかしテロという言葉にはちゃんとした語源があります。テロ、テロリズムという言葉は、ヨーロッパ語系の「恐怖（terror）」を語源としていますので、そういう語源に基づく言葉は、基本的にはそこからあまり大きく外れてはいけないと私は思っております。

ですので、テロとは「恐怖を背景にして政治的な目的を実現しようとする行為」と定義するのが最も妥当だろうと考えます。現代においてテロの語は、特定の国家の法律に反する非合法な暴力の意味で用いられており、犯罪であると普通は考えられています。私の場合は、特定の国や文明の法や価値の体系だけを正しいものとして特別視せず、すべての法、価値体系を中立的、客観的にとらえたうえで、恐怖を背景にそれぞれの法、価値体系に基づく政治的な目的を達成しようとする行為をすべて「テロ」と定義する立場をとっています。この立場からすると、単なる憎しみや復讐心《ふくしゅうしん》から、あるいはサディスティックな欲望を満たすための暴力そのものを目的とする行為はテロではありませんし、政治的目的のない単なる金儲《かねもう》けのための誘拐や脅迫は、恐怖を背景としていても「テロ」とはなりません。

この立場からすると、いちばんのテロ組織というのは当然、軍隊と警察になるわけです。価値中立的な私のこの立場を取らないと、たくさんの法体系、価値体系が競合している問題については、あるひとつの法体系、あるいは価値体系を正しいものと前提にする立場では、一方的な非難に終わり、客観的に双方の主張に耳を傾ける冷静な議論ができません。「テロリストとは交渉しない」などという、合理的な思考を最初から拒否するヒステリックな対応しかできなくなるわけです。私自身がどのような価値体系、どのような法体系に立つかは別にして、とかく政治的な手段として、恐怖を背景に政治的な目的を達成しようとする行為はすべてテロだと考えております。ですので、私はテロという言葉は悪い意味で使っておりません。非常に中立的な意味合いとして、警察とか軍隊もテロであるというふうな使い方をしているわけです。

警察官や軍人が、テロという言葉を普通の意味で使って、テロ組織だとみなした相手を犯罪者、敵として扱うのは仕方ないことです。いちいちこれは正しいか否かということを考えていると仕事になりませんから。しかし、学者やジャーナリストなどのように、自分たちの価値体系は別にして、一歩退いたところから客観的に論じる時には、恐怖というものを背景にして政治的な要求を通すのがテロ行為であると考え、警察や軍隊そのものがテロ組織だと言うべきでしょう。アメリカやヨーロッパ的な立場を取れば、テロ組織とは対話をするなというのが基本です。治安の点から考えるとそうなるわけです。ところが、私から見れば、テロ組織というのは政治的な目的を達成するために暴力的な行為に出ているのだから、まず話をしろ、対話をしろという立場になります。

『戦争の社会学』を拝読しまして、そういう見方が橋爪先生と私がいちばん大きく違うところだと感じました。その辺のところをお伺いしたいと思いますが、いかがでしょうか。

主権国家と戦争

橋爪　結論から言いますと、いまのお話にはとても同意できません。なぜかということを順序立てて言いましょう。

ヨーロッパ系の思想で、戦争について押さえるべき著作は、今日の流れで、三つあると思います。第一は、『戦争の社会学』でも紹介しましたが、フーゴー・グロチウス[*11]の『戦争と平和の法』(一六二五年)です。これがいちばん古く、戦争論の基本になります。第二に、ほぼ同時代に、トマス・ホッブズ[*12]の『リヴァイアサン』(一六五一年)がある。これも基本になります。それからやや時代があいて、第三に、カール・フォン・クラウゼヴィッツの『戦争論』(一八一六年—一八三〇年にかけて執筆)。これも基本的な著作です。この三つを読むとだいたい、古典的な戦争の概念が理解できるので、簡単に紹介していきましょう。

第一に、グロチウスの『戦争と平和の法』。グロチウスは、近代的な戦争観から見ると、四〇〇年ほど前の人なので、少し古いです。考え方は、自然法論に立脚しています。戦争の定義もあります。グロチウスの戦争の定義は、今日と違って、暴力を使って意思を実現するさまざまな行為をすべて含みます。また行為者が、個人であっても任意の団体であっても、戦争だとみなします。暴力団が抗争していても、テロリストグループ同士が闘争していても、革マル、中核といった思想集団が内ゲバをしても、どれもみな戦争行為ということになります。

グロチウスはこうして、戦争の概念を広く考えた上で、あらためて国家の統治権力の正統性を語ります。主権国家こそが正当な暴力を行使する主体であるとし、それ以外の個人や任意団体、山賊や海賊のような連中が暴力を行使してはいけないとする。統治者の振るう暴力はそれ自体が戦争ではあるのだけれど、その戦争によって、戦争が勝手に起こらない状態を実現していく。そのプロセスが正しいと言うのです。これは、ヨーロッパで当時起こっていたプロセスで、主権国家の統治が確立しつつあった。そのやり方は正しいと主張したわけですね。

山賊や海賊がいると、商人が安全に通行できません。主権国家が存在すれば、そういう危険な連中を取り締まることができ、人びとが安全に暮らすことができる、という論調で書かれています。

主権国家は、軍隊と警察という組織を持っているわけですが、これはいわば職業的、専門的な暴力機関ともいえます。それを維持するために、税金を集めたり、法律や制度も整えたり、といろいろなメカニズムをつくり上げます。

すると、次に、国家と国家は勝手に戦争をしていいのか、という問題が出てきます。これに対して、グロチウスは、戦争をするには正当な理由が必要で、しかも一定の手続きを守らなければならないとします。手続きとは、戦争のやり方が、合法的である必要があるということです。合法的かどうかを判断するのは、戦時国際法ですが、これはあらかじめ立法行為や条約で成文化されていなくても、自然法として定まっているものである。従って、どんなに強力な主権国家であっても、自然法の戦時国際法規を守らなければいけない。グロチウスの戦争論にはこうしたことが書いてあるわけです。

第二に、トマス・ホッブズの『リヴァイアサン』。

ホッブズは、個人と国家の関係について、次のように述べています。国家がないとどうなるか。すべての問題は、個人が自分で解決することになり、話し合いがつかない場合は実力行使になる。こうした個人の争いごとも、戦争（ウォー）であるとし、ホッブズはこれを「万人の万人に対する戦争」と呼んでいます。気に食わないから、殴る。相手の持っているものを奪う。これも戦争です。「万人の万人に対する戦争」を抑止できないとすると、個々人は自分の願いを実現することもできず、権利を守ることもできず、その人生は「悲惨で血なまぐさく短い」、と書いてある。有名な一節です。

悲惨で短い人生。これは、誰にとっても良くないことである。もう少しましな方法はないものだろうかと考え、人びとは理性を用いるだろう、とホッブズは考えます。その理性がたどり着いたのが、契約です。自己防衛の権利の一部をめいめいが断念し、それを提供して、個人ではない「スーパー個人」みたいなものを作れば、この問題が解決するのではないか。『リヴァイアサン』には「人造人間」と書いてありますが、要は国家です。国家は、ひとつの団体で、その実体は法人ですね。その団体だけに、暴力を独占させる。さらに、個人と個人の間には法律を設定して、誰にどんな権利があるのかを明確にすれば、争いを防げる。それでも争いが起こったら、裁判によって、個々人の権利を保障し、正義を実現できる。個人の自力救済は禁止する。

このシステムが主権国家で、それをつくり出すのが社会契約である。このアイデアを、世界で最初に述べたのが、トマス・ホッブズなのですね。啓蒙思想家の親分みたいな人です。

第三に、クラウゼヴィッツの『戦争論』。これについても、少しだけ説明しましょう。

クラウゼヴィッツの時代には、フランス共和国の軍隊やプロイセン軍など、もう主権国家の正規軍がいて、軍隊がルールによって行動する原則が確立していました。ですから『戦争論』

は、ホッブズの議論は飛ばして、軍事学そのものに焦点を当てています。法律やいろいろな決まりの中で、戦術や戦略をどういうふうに組み立てるか。そこにどういう法則性があるか。そういうことがらを観察・記述して、あたかも物理学のように、軍事学を組み立てようとした。そういう、意欲的な著作です。ここでクラウゼヴィッツが考察していることは、多く、現在でも通用すると思います。

さて、イスラームにこういう著作はないと思う。

なぜかと言えば、まず、ホッブズやクラウゼヴィッツの前提として、正統な主権国家が人民の契約によってつくられる、という考え方があるわけですが、イスラーム法の中にはこうした考え方がない。ない以上、こういう発想をすることができません。かりに、そんなことを考える法学者がいたとしたら、イスラーム法学者の仲間内で袋だたきにあい、追放されてしまうでしょうね。それほどに、キリスト教徒とイスラーム教徒とでは、戦争に関する思考の筋道（リーズニング）が、違っているのです。

キリスト教徒にとっては、主権国家が、軍隊や警察といった暴力のための組織を持つのは、当然のことです。これを、テロ（正当化できない暴力）と一緒くたにすることはできません。

ジハードと内戦

中田　戦争論の解説、ありがとうございます。いまのお話の関連でいえば、実はイスラームにも国際法的なものがあります。ただし、橋爪先生がいまおっしゃったこととは論理構成が全然違うものです。イスラームではすでに八世紀の終わりに、『キターブ・スィヤル』という戦時国際法の本が書かれております。ただし、これは皆さんもご存じの「ジハード」についての法学的な取り決めです。ジハードというのは、イスラーム法学の中できちんと定義がされておりまして、神の教えを広げるため、あるいは守るために行なわれる異教徒に対する戦争、を意味します。この意味での戦争がジハードです。

そもそもイスラームには主権国家という考え方がありませんし、法人としての国家という考え方もありません。しかし、逆に言えば、ひとつの国家があるという見方もできます。それがカリフ制[*13]と言われるものです。イスラーム教徒はひとつの共同体、政治的な共同体をつくらなければいけないというのがイスラームの考え方ですので、その意味ではひとつの国家だけがあるという見方もできる。その国家が行なう正当な戦争がジハードになるわけです。

アラビア語では、戦争はハルブ、もっと物理的・身体的（physical）な戦闘はキタールと言います。イスラーム法学の中では、戦争は大きく三つに分けて論じられています。そのひとつが異教徒との戦いであるジハードです。それ以外の戦闘は、利害関係に基づく戦争、あるいは戦闘と呼ばれます。これには二種類があり、その第一は内戦です。先ほど言いましたとおり、本来イスラームにはひとつの政治共同体しかないはずなのですが、残念ながら非常に早い時期からこの理念は、現実と離れてしまい、その矛盾した状態が長く続きます。預言者ムハンマドの直弟子たちの時代にイスラームはすでに大帝国をつくるわけですが、その時代にすでに内戦が生じています。

第三代のカリフのウスマーン自身が、内戦で殺されていますが、第四代のカリフ、アリーの時代になると、さらに多くの内戦が起きます。本来ならばイスラームにおける正しい戦争はジハードしかないにもかかわらず、イスラーム教徒同士の内戦が預言者ムハンマドの弟子の時代から起きているので、これがひとつの戦争の形態になっているわけです。

さらに別の戦闘の形態もあります。内戦の場合は、権力側から見ると反乱軍に当たるものですが、反乱軍も正しいイスラームを自分たちこそが体現していると思っている。そういう双方に大義のある、理念のある戦いが内戦です。しかし、盗賊団や追いはぎ集団的なものが、中央権力と戦える力を持ってしまった場合は内戦とは言いません。何の理念も大義もなく、単にお金が欲しい、あるいは権力が欲しいために戦いを挑んでくる場合は、純然たる治安問題、犯罪者との戦闘で、別の範疇《はんちゅう》になります。

　ということで、イスラームでは一応戦争というのは三つに分類しています。異教徒との戦い、イスラーム教徒同士の正当性をめぐる戦い、そしてイスラーム教徒であっても正当性のない犯罪者集団との戦いです。異教徒との戦い、ジハードに関して付け加えれば、イスラーム法は属人法なので、イスラーム教徒にしか適用されません。当然異教徒側はイスラーム法の正当性を認めないわけですから、イスラーム法を守らない。そういう人たちと戦う場合はどうするか。イスラームはヨーロッパ、キリスト教のような自然法の概念は持ちません。その意味では異教徒に関しては、相手側にどのような法があるかとは考えません。

　ですから、イスラーム教徒は異教徒に対しても一方的にイスラーム法に基づいて戦闘を行ないます。例えば非戦闘員は殺しません。これに関しては、自然法の概念ではなく、イスラーム教徒は、異教徒に対しても非戦闘員を殺してはいけないと神から命じられているので守るということです。異教徒が何をするか、どうするかは知りません。しかし、では異教徒にまったく対応ができないのかというと、そんなことはなく、基本的には言葉を守る、約束を守るということで対応していきます。

　約束を守ること自体イスラーム教徒に課されていることもありますが、基本的には人は約束を守るものだと異教徒に関しても考えています。ですので、異教徒が同じ前提を共有していなくても、相手が破らない限り、条約を守らなければいけないと考えるわけです。ただし、これは個別のものなので、ひとつの異教徒集団に対して契約を結べばそれを守りますが、それが他の異教徒に対して適用されるということはありません。契約そのものが判例法にはなっていないのです。

自分たちとは価値観を別にする者に対しても、法は与えられているので、それを自分たちは守っていけばいい。相手に関してはどうするかは知らない。しかし、言葉で約束を交わせば、相手がそれを破らない限り守っていきましょう、信じる者として生きましょうというのが、イスラームのいままでのやり方です。そういう形での戦争法規が存在するということです。

イスラームはなぜ戦争に弱い？

橋爪　中田先生の、イスラームの戦争の分類は、わかりやすい説明でした。

キリスト教圏では、主権国家Aと主権国家Bがあるとすると、AとBは正しく戦争することができて、内戦ではありません。主権国家内に正統性を争う政府がふたつあると、その争いは、どちらかが相手を打倒するまで戦う内戦になります。主権国家Aと主権国家Bの争いは、それぞれが互いを政府と認めていますから、そこまでやらなくてもいい。適当なところで講和条約を結び、平和に復帰できます。こういう考え方がキリスト教にはありますが、イスラームにはそれがないということがよくわかりました。

あとで詳しく述べますが（第三章）、キリスト教徒は、「主権国家同士の合法的な戦争」の考え方が古くからあったので、戦争が強くなったのだと思います。

ヨーロッパでは、ほとんどの土地を封建領主が統治していましたが、イタリアには都市が多く、市民が集まり、武装して、資金も豊富だった。ここに火薬が入ってきたわけです。それまでフランスやオーストリアの封建領主にいじめられていたイタリアは、安全保障のため、必死で鉄砲と大砲の試作に励んだ。そのために巨額の投資をして、鉄砲と大砲を実用化したわけです。

イタリアの都市はこうして、戦争で勝てるようにはなったのですが、やがて市民たちが自ら武装して戦争するのはやめ、傭兵《ようへい》にやらせるようになりました。スイス人が雇われた。このシステムがうまく行って、スペインも真似《まね》をし、各国に広まって、たちまちのうちにヨーロッパ中に火砲を使った近代的な戦闘のシステムができ上がっていきます。こうして、他の文明圏に比べて、戦闘能力が極めて高くなり、大航海時代に世界中を征服していくわけです。

しかし、イスラームにはこういう考え方がない。オスマン・トルコもそれなりに戦争は強かったはずですが、ヨーロッパと互角に渡り合うまで行かず、結局やられてしまった。その敗因のもとをただせば、やはり、主権国家同士の戦争が正当だという発想がないからではないかと思いました。

中田　おっしゃるとおり、イスラームには主権国家同士の戦争の概念は、当然ありません。そもそも国家という概念自体がないので、契約、講和を結ぶのは君主と君主になるわけです。それはさておき、法的には国同士の戦いはございません。

ただし、カリフ制というのはかなり早い時期に形骸化していますので、実際には地方政権的なものが非常に曖昧模糊《あいまいもこ》と動いていくのですね。そこで何か衝突が起きたとしても、そうした政権はどれもイスラーム法上の正当性を有するカリフ権力ではないので、正当性をめぐる内戦の形になるわけですが、その戦い方もヨーロッパとはまったく違います。

橋爪先生がおっしゃったとおり、ヨーロッパは戦争技術の発達によって、やがて本当に悲惨な時代に突入していくわけですが、イスラームがそうならなかったのは、内戦期にあっても、戦争の仕方が非常に緩かったことにも起因すると思います。例えば、反乱を起こした人たちが形勢不利となって逃げ出しても、それを追ってはいけないという決まりがある。武器を放棄すればそのまま放免されます。放免するわけですから、その後は追いません。ヨーロッパの戦争のように、損害賠償も請求しない。そういう形で曖昧に消えていくのです。イスラームの内戦は負けたら消えていく。それだけです。もちろん、これはあくまでも法理論上の話ですので、実際には敗軍の将が捕まって処刑されたりもするのですが。

もともとイスラームには、何が正統で何が異端かを決める組織がありませんので、その辺は非常に緩く、曖昧模糊として進んできました。その意味でおっしゃるように戦争にも強くならなかったのでしょう。

橋爪 なるほどね。やはりイスラームの考え方は、キリスト教圏の国々とはまったく相容《あいい》れない、対極的なところにありますね。

主権国家はテロなのか

中田 ひとつ、大事なことを付け加えますと、私の立場では、実際の戦争、物理的暴力の行使をテロとは考えていません。先ほども言ったとおり、あくまでも目的実現のために暴力の恐怖を背景として行なう行為をテロと定義しておりますので、テロ機関が十分に強くなれば実際に暴力を振るうまでもなく恐怖を与えることができるので、現実には暴力行為は起きない、ということになります。軍事機関という暴力装置を独占する現代の国家は非武装の民間人と比べると圧倒的に強いので、個人レベルでこれに勝てることはまずありません。ですので、その意味ではもう反乱を起こさないように恐怖を引き起こすために暴力は振るわなくて済みます。それは逆らったら怖いという恐怖が背景にはあるということです。そういう意味で私は主権国家こそ本来の言葉の意味でのテロ機関である、と言っているのです。ですから、むしろ支配の正当性を欠く弱い政府ほど、実際にみせしめに暴力を振るって恐怖心を煽《あお》り立てる必要があるのです。

内戦で軍と警察を使って三六万人もの自国民を虐殺しているシリアのアサド政権*14は、支配の正当性がなく、暴力の恐怖によってしか国民の服従を調達できないので、これみよがしに暴力を振るわざるを得ないのです。ホッブズが言ったように、主権国家が完璧に強くなってしまえば、それを相手に戦おうと思いませんので、平和をもたらすわけです。

何度も言いますように、私の定義では「テロ」は価値中立的ですので、必ずしも悪いものではありません。警察、軍事機関といった国家の暴力装置の威嚇による「テロ」が国民の犯罪や革命の意思を殺《そ》ぎ、暴力的な紛争を抑制し平和をもたらす側面があるように、あらゆる「テロ」はその威嚇により、実際に暴力が振るわれることを大なり小なり防ぐ効果があるのです。ただし、そこには当然強制があって自由を奪う部分がありますす。ゼロサムではありませんが、やはり自由とのトレードオフがある。自由と治安はある程度矛盾するもので、いいこともあれば悪いこともある。実際に一つひとつの個々の例を見てみて、この程度だったら許される、これは許されないと、ひとつずつ冷静に考えて分析していくべきだと私は思っています。メディアや国際関係論、政治学などで言われる「テロ」とはそもそも最初の出発点が違います。

そこが先生との相違点だと思います。

橋爪　そういう考えは成り立つと思います。成り立つと思うけれども、一方で大変危険な考え方だとも思います。

キリスト教圏の考え方では、暴力は、主権国家が独占するべきものです。国家は、資源を動員する大きな力があります。まず、税金を取る。それからいろいろな命令権がある。だから他の主体が対抗できないのです。だからこそ、これが平和の源泉になるのです。にもかかわらず、国家でもないのに、自分たちがたまたま動員できるわずかな暴力手段を無差別に使って、投入した資源を上回る大きな政治的なリターンを得ようという動機に駆られるひと握りの人びとがいるのです。本来ならば、そうした人びとは、言論で政治的な主張を述べるべきなのですが、そういうプロセスをすっ飛ばして、暴力を手段とし、無差別行動によって恐怖をかき立てようとする。これはルール違反なのであって、それこそがテロです。

従って、主権国家がテロ、なわけではない。主権国家がかりに恐怖を背景にしていたとしても、少なくとも正当性を体現しています。そのために、人民の安全や福利をはかろうとさまざまに努力しているわけなので、そんな努力を何もしていないテロリストと、ごっちゃにするのは暴論だ、と私は思います。

＊1　ムハンマド　五七〇年頃生―六三二年没。マッカ（メッカ）のクライシュ族の出身。神アッラーの啓示を授かり、預言者、神の使徒として伝道を開始する。偶像崇拝を否定し一神教を唱えたため迫害され、六二二年にマディーナ（メディナ）に移る（これをヒジュラという）。イスラーム教団発展の基礎を固め、六三〇年マッカ征服の後、その勢力はアラビア半島に広がった。

＊2　モーセ　紀元前一三世紀頃のイスラエルの預言者、指導者。出身地のエジプトで迫害されていたイスラエル民族を脱出させ（エクソダス）、カナンの地へ導いた。モーセ五書やモーセが神の啓示を受けた「十戒」はよく知られる。

＊3　イエス　紀元前四年頃生―紀元後三〇年頃没。パレスチナの預言者。キリスト教の始祖。ナザレの大工ヨセフと妻マリアの子として生誕。三〇歳頃にバプテスマのヨハネから洗礼を受け、宣教を開始した。ペテロをはじめ一二人の弟子と活動を行なったが、捕らえられローマ総督ポンティウ

ス・ピラトゥスにより十字架刑に処せられた。イエスが死後三日目に復活したという奇蹟《きせき》を信じた弟子たちはイエスをメシア（救世主）とみなし、その再臨を信じ、ここにキリスト教が始まった。なお、「キリスト」とは、ヘブライ語で「油を注がれた者」を意味する「メシア（メサイア）」に当たるギリシャ語「クリストス」に由来。

＊4　マッカ（メッカ）　イスラーム第一の聖地である、サウジアラビア西部の主要都市。古来ザムザムという井戸を中心とした交易のオアシスとして栄えた。ムハンマド以前はカーバ神殿は多神教信仰の中心地だったが、彼は偶像崇拝を批判し、イスラームの教えを説いた。六三〇年にムハンマドがマッカを無血征服して以来信仰の中心地となる。現在、世界中に一六億人といわれるムスリムはみな、マッカの方角（キブラ）へ向かい日に五回礼拝を執り行ない、巡礼の月にはおよそ二五〇万人の巡礼者が訪れている。なお、非ムスリムは立ち入りが禁止されている。

＊5　クラウド　クラウド・コンピューティングとも。ユーザーがサーバーやストレージ、ネットワークを持たず、ソフトウェアをダウンロードしなくても、必要なサービスを必要な分だけインターネットを通してどこでも利用できるというコンセプトのこと。このコンセプトの説明の際に概念図に雲が用いられることが多かったためこの呼称となったという。

＊6　アリストテレス　紀元前三八四年生―紀元前三二二年没。古代ギリシャの哲学者。論理学、自然学、形而上学、倫理学、政治学、詩学など広い分野で探究を深め、ギリシャの哲学が伝えられたイスラーム世界から中世欧州神学、中世欧州哲学、近代哲学にまで影響を与えた。

＊7　ユークリッド　生没年不詳。紀元前三世紀前半に活躍したギリシャの数学者、物理学者。「エ

ウクレイデス」はギリシャ語読み。代表的著書は『ストイケイア』（『幾何学原本』『原論』などと訳される）。

***8　グノーシス**　ギリシャ語の「知識」「認識」の意味。普通の人びとには知りえない特別の知識によって救済を得ることができるという信仰を持つ、既存諸宗教（とくにキリスト教）の分派。

***9　イブン・タイミーヤ**　一二六三年生―一三二八年没。シリアに生まれた中世イスラームの代表的思想家のひとりで、ハンバリー派の法学者であり神学者。政治問題にも関心が高く、論争を巻き起こしたためしばしば投獄され、幽閉中に最期を迎えた。黎明《れいめい》期のムスリムの教えを尊び、後世に生まれたスーフィーの極端な神人合一論、聖者崇拝、またギリシャ思想の影響を受けた合理主義的神学を、反イスラーム的と厳しく批判した。後世への影響も大きく、復古的改革を志向するワッハーブ運動の源流となった。

***10　カール・フォン・クラウゼヴィッツ**　一七八〇年生―一八三一年没。プロイセンの軍人、軍事理論家。プロイセン改革では軍制改革に携わった。一八一二年、プロイセンとナポレオンの軍事同盟締結に反対の立場を取り、ロシアへ亡命、一八一四年にプロイセン軍への復帰を許されるまでロシア軍人として解放戦争を戦う。帰国後は、士官学校長などを歴任し最後はポーランド反乱監視軍の参謀長となるが、病に倒れた。没後、戦争論の古典『戦争論』が出版される。

***11　フーゴー・グロチウス**　一五八三年生―一六四五年没。「国際法の父」「自然法の父」と呼ばれるオランダの法学者。その研究は、法律の他、政治、宗教、歴史など多岐にわたる。とくに国際法の分野では、近代自然法の原理により国際法を基礎づけたことで知られる。

＊12　トマス・ホッブズ　一五八八年生―一六七九年没。イギリスの哲学者、政治思想家。運動中心の徹底した機械論的自然観を提示し、それを社会にも適用した。その哲学は、物体論、人間論、市民論からなり、契約によって国家は形成されるとし、また、平和を獲得するための条件として絶対主権の設定を求めた。

＊13　カリフ　アラビア語で「代理人」または「後継者」を意味し、イスラーム法を施行し、イスラームの土地と教義を防衛する責任を有する指導者。ムハンマドの没後は、アブー・バクル、ウマル、ウスマーン、アリーと四代にわたり正統カリフ時代が続いた。ハワーリジュ派によってアリーが暗殺されると、アリーの子孫を後継者とみなすシーア派と、ウマイヤ朝のカリフを認めるスンナ派とに分裂した。

＊14　アサド政権　バッシャール・アサド大統領の政権。バッシャールは一九六五年生まれ。シーア派の異端的少数派アラウィーを出自とする前大統領ハーフィズ・アサドの次男。ロンドンに留学し、眼科医としての研修を受けた。父の指揮下政治腐敗追放キャンペーンを展開し、汚職疑惑のある高官らを解任、逮捕に追い込む。同時に治安、情報機関を身内で支配するなど権力の基盤を固める。二〇〇〇年、父の死去にともない軍最高司令官とバアス党の書記長に選ばれる。その後国民投票で大統領就任。当初マスコミ規制の緩和やＩＴの導入などの政策を進めていたが、「アラブの春」に端を発する二〇一一年の反政府運動以来、ロシア、イラン、中国、北朝鮮、レバノンのヒズボラなどの支援を背景に反政府諸勢力とその支配地域周辺の一般住民に、樽《たる》爆弾や化学兵器の使用も躊《ちゅう》躇《ちょ》しない徹底的な弾圧、攻撃を加え壊滅的な内戦を招いた。

第二章　ナショナリズムと戦争

ネーションはいつできたのか

中田　主権国家同士の戦争の概念がイスラームにはないというお話をしましたが、キリスト教圏各国の戦争が苛烈になっていったのには、ナショナリズムが深く関係していると思います。そこでナショナリズムと戦争がどのように関わっているのか、宗教の成り立ちを含めて、橋爪先生のお考えをお聞きしたいのですが、その前に私から少し聖書とナショナリズムについてお話をしてみたいと思います。

そもそもナショナリズムとは何なのか。いつ、できたのか。これについては、ずっと論じられています。「ナショナリズムとは、第一義的には、政治的な単位と民族的な単位とが一致しなければならないと主張するひとつの政治的原理」という中東をフィールドとする人類学者アーネスト・ゲルナー（一九二五年生―一九九五年没）の定義が有名ですが、おおざっぱに言って、近代のヨーロッパあたりから出てきたのか、それとも、それ以前にさかのぼれるのかという論争があり、結論は出ていません。私としてはかなり以前に、近現代のナショナリズムのもとになるようなものがあったであろうと推測しております。

ナショナリズムの成立については、政治学者ベネディクト・アンダーソン[*1]の議論が直接関わってくると思います。アンダーソンは『想像の共同体』（一九八三年）の中で、正典言語の観点からナショナリズムの成り立ちについて述べています。もともと古典語というのは基本的にはエリートだけが読めるようなラテン語やアラビア語であり、その言語が普遍的な宗教の世界をつくっていたわけです。西方キリスト教圏では正典言語ラテン語が成り立ち、その普遍性を保っていたのですが、ルターが聖書の翻訳を進めたことで、正典言語の地位が下がってきます。つまり、キリスト教は聖書の翻訳を許したために、各国の人びとが日常言語で正典を読めるようになったことと引きかえに、宗教的な普遍性を失ってしまいます。そのあとに、各国語の力が強まり、それによってナショナリズムが勃興してくる。それが近代のナショナリズムのもとになっているという見方をこの議論ではしているわけです。

キリスト教では新約聖書自体がもともとイエスの使っていた言葉アラム語からギリシャ語に翻訳されたものであり、イエスの言葉を保存していません。キリスト教では実は「神の言葉」というのはイエス自身であって、聖書ではないのです。神学的にはイエス自身が言葉＝ロゴスなのですから、聖書自体はそれほど重要ではありません。その意味では聖書とイスラームのクルアーンはまったく違います。クルアーンはアラブ人の預言者ムハンマドに下された神の言葉そのものなので、当然アラビア語で書かれています。ですから、アラビア語以外で書かれたものは正典とはみなさない。従ってクルアーンの翻訳も認めないという姿勢を現代に至るまで貫いてきました。

もとは正典を読める人間が力を持つのが、すべての文明圏のあり方だったのですが、中世においてキリスト教圏でそれが崩れ、各国語に変わっていったところでナショナリズムに移行する転機が訪れたということですね。

もちろん現代においてもムスリム世界では正典言語のアラビア語がまだ守られているわけですが、やや問題も生じてきています。だんだんムスリムの共通言語が英語化しつつあるということです。さらに旧ソ連圏になると、カザフ語、ウズベク語というように独立した各国の言葉に分かれてしまい、互いに言葉が通じなくなりつつある。何とか通じさせようという時にはロシア語が共通言語になってしまう。やはり現代になるとそういう状況も出てきています。

橋爪　ベネディクト・アンダーソンの話が出ました。

ネーション（国民国家の共同体）は、いつできたのか。アンダーソンは、一八世紀から一九世紀にかけて、わりあい最近にできたと言っています。資本主義の成立にともない、印刷、出版、教育、メディアなど、情報技術が発展して、それがネーションの形成に結びついているという考察です。

この考察は、間違っているとは言えないが、でも、正しいでしょうか。

ネーションとは、過去を共有する人びとの集団です。しかし、実際に過去を共有しているかどうかは、誰にも確認のしようがない。過去はとっくに過ぎ去ってしまっています。現在を生きている人びとにとっての過去は、言い伝えや神話、物語、歴史といった形で、さまざまな言葉でシェアされている。それがフランス語だったり、イタリア語だったりするわけです。

すると、人びとがフランス人であるとか、イタリア人であるとかいうことは、アンダーソンの言うように、新聞や教育を通じて行きわたったかもしれないが、新聞や教育に先立つ何かがなければ、そうした集団の核が形成されないのではないかという疑問が出てきます。つまり、アンダーソンは、ネーション形成の後半の部分を述べているけれども、前半もあるだろう、と私は思うわけです。

前半に関していえば、イスラームでなかなかネーション形成ができないのに対して、キリスト教圏ではネーション形成がわりあいすんなり進んだ、これはなぜか、ということがある。アンダーソンの推論が正しいならば、イランでもエジプトでも中央アジアでも、新聞や教育の普及にともなってどんどんネーションが形成されてもよさそうなのに、なかなかそうはならなかった。

その理由は、国王に対する態度ではなかったかと、私は思います。どこにも国王というものがいます。実力で統治権を握る人物が出てきて、その子に、その権限を継承させていく。すると、血縁で国王の地位が受け継がれるという状態になります。まず、旧約聖書に登場する国王がいます。イスラームにもヨーロッパにも国王がいます。どこがどう違うか。

旧約聖書の国王は、はじめはいなかった。でも、ヤハウェ[*2]への信仰だけはあって、信仰共同体はあった。信仰共同体を守るために、国王がいたほうがいいのではないだろうか、という議論になり、国王が生まれた。信仰を守り共同体を守る限りでは、国王はよいものです。

しかし、旧約聖書に書いてあるのは、国王がしばしばその義務を果たさないことです。神に対して罪を犯してしまう。その罪深い国王に何が起こるかというと、神の罰が下されて、その王家（王朝）は滅んでしまいます。そのことは『列王記』（旧約聖書におさめられた古代ユダヤの歴史書）を見るとよくわかります。王朝は数代しないうちに神に対する罪を犯してどんどん滅んで、王朝が交替し、あげく北王国[*3]はひどい目に遭います。一方の南王国は、ユダ族の王がいて、ダビデの血統がずっと最後まで続くのですが、それにしてもやがて滅んでいく。

ですから、神に対して罪を犯す国王は滅ぶものである、というのが、一神教のプロトタイプの原則です。

次に、キリスト教圏を見てみましょう。

キリスト教圏にも国王がいないことはない。アーサー王伝説[*4]で有名なアーサー王がいたり、フランク王オットー[*5]（神聖ローマ帝国初代皇帝）がいたり、それぞれのところに国王が出てくる。国王は神に罪を犯すのだろうか。犯しがちです。そこで、罪を犯した国王を人びとが打倒してもいいのか、という問題が起こってきます。

この問題を考える時に、重要になってくるのが、新約聖書の、パウロが書いた『ローマ人への手紙』です。その一三章一節に、「すべての人は、上に立つ権威に従うべきである。なぜなら、神によらない権威はなく、おおよそ存在している権威は、すべて神によって立てられたものだからである」と書いてある。つまり、上に立つ権威＝国王は、神によって立てられたものだから、人びとは従いなさい、と書かれているわけです。

これがキリスト教徒の基本ルールだとすると、どういうことになるか。

まず、国王がキリスト教徒でなくても構わない。異教徒の王であってもよい。ローマ帝国の皇帝であっても構わない。ゲルマンの王様でも構わない。キリスト教の信仰をはっきり否定し、キリスト教徒を弾圧すれば話は別ですが、そうでない限り、民を顧みず自身の欲を満たそうとしたぐらいの罪では、国王たる資格を失わないんです。よって国王を、キリスト教の信仰の名において打倒することができない。打倒することができなければ、その国王の支配が続くのです。

こうして、イングランドや、フランス、プロイセンといった、ネーションらしき共同体ができやすくなってきます。そしてそれは、自分たちの習慣なのだとキリスト教徒たちは思い始めます。これは、教会への帰属意識とは違うものです。教会とは別に、こうした統治の共同体があって、宗教の前で正当化されるという論理があるわけです。

イスラームについては、中田先生にお教え願うべきなのですが、私の理解では、このように身勝手な統治権力者に従わなければならないという縛りがない。政治的な観点から望ましくない王様を排除することが、自由にできる。統治権力の排除が自由にできるので、その結果、ネーションが形成しにくいということになる。このあたりのことを、ベネディクト・アンダーソンはまったく書いていないので、議論を半分しかしていないと私は思っています。

イスラームはネーションを形成しにくい

中田　いまのお話に補足する形でイスラームの話をさせていただきますと、二点あります。おっしゃるとおり、イスラームの場合、国民国家ができにくい体質があります。それには理由がふたつあってひとつは地理的なものであり、ふたつ目は教義的なものです。まず第一にイスラーム帝国の発祥の地である中東はもともと長い歴史を有する多民族、多宗教が複雑に混在する世界であって、ひとつの文化と歴史を共有する国民を作りにくい、ということです。あるひとつの民族を中心に国民国家を作ろうとすると、他の民族が納得しません。といって疎外された民族が自分たちが多数派の土地に別の国民国家を作っても、やはりそこでは他の諸民族が少数派となって不満を抱くことになるという民族の入れ子構造になっているわけです。

第二に教義的に、キリスト教の場合には、教会と国家とは別のものであって、教会の概念は、カトリック[*6]とオーソドックス[*7]に分かれます。我々は、オーソドックスに対しては、知識がなく、なじみもないので、カトリック、西欧世界を中心に考えます。その西欧カトリック世界では、宗教改革があるまでは、教会はひとつであるという理念がありました。

ところが、その理念はプロテスタント[*8]以降には崩れてしまって、教会が何であるかということも見えにくくなってしまった。それぞれが教会、単立教会も含めて教会をいくつも持っていて、どこまでが教会なのかも定かではないという状況になっています。

イスラームにはウンマという共同体の概念があります。ウンマはムスリムだけの共同体です。統治に関しては、イスラーム法の執行者である唯一人のカリフを元首にいただくカリフ制という政治制度がありますが、ウンマの広がりとカリフが治める政治領域は基本的には一致します。一致するといっても、実際にはイスラーム世界には異教徒も含んでいますので、カリフの治める領土の住民がすべてムスリムというわけではありません。あるいは、イスラーム教徒が、貿易などのビジネスで、カリフの地から外に出て、その地に定住することもある。その意味では厳密に一体ではありませんが、基本的にはかなり重なっているわけですね。

ですので、イスラームの場合は、政治的な単位と宗教的な単位が重なっているので、西欧的な意味での政教分離というのはなく、政治と宗教の区別はないので、カリフは信仰の共同体の長でもあれば、政治の共同体の長でもあるわけです。また、キリスト教、あるいは西欧の場合、政治と法ははっきり区別されておらず、どちらも政治だと考えますが、イスラームでは法と政治は非常にくっきり分かれています。

ただ実際には、政治的な権力をカリフが握っていた期間は短く、実権は大宰相、セルジューク朝以降にはスルタン[*9]と呼ばれる武将に移り、彼らが事実上の王となって独立政権が乱立するようになります。これは日本の中世のシステムを考えてみると、わかりやすいかもしれません。カリフと政治的実力者は、天皇と将軍のような関係と言っていいでしょう。中世の日本においては国というと日本国ではなく自分の領国のことで、当時はたくさんの領国があったわけです。

そして形式的には天皇がそれらの領国を統括する幕府の長、武家の統領である将軍を任命する形でその存在がありました。

それと同じように、たくさんの地方の王様たちは、その上にいるカリフというエンペラーに任命されているわけです。イスラームでは、そのフィクションがずっと維持されてきましたが、現代においては、学問の世界では定説がずっと維持されていても、実際のパワーポリティクスの中では完全に無視されています。とくにイスラームの知識人と言われる人たちは、実際にはイスラーム的な価値観で生きていても、それを表立って宣言すると、すぐにテロリストにされて逮捕されたり処刑されてしまうので、言えずに表と裏の二重の言説の中で生きているという状況があります。最近、私の翻訳で出した『イブン・タイミーヤ政治論集』（作品社）にもはっきりと書いていますが、いま、橋爪先生がおっしゃったような悪い王様、イスラームの法に則《のっと》っていない君主をどうするかという問題については、イスラームの場合は簡単です。君主が個人的にどんなに悪いやつでも、罪を犯していても、それは関係ありません。君主が礼拝や断食を怠ったり、酒を飲んだり、姦通《かんつう》を犯したり、といった敬虔《けいけん》さを失う行為は反乱を正当化しません。そういう君主に対しても服従しなければならないのです。ただ、神の法に反する命令には従ってはなりません。しかし不当な命令には不服従が許されても、君主に背いて放伐することは許されません。ただし、一方でイスラーム（スンナ派）はリアリズムを取りますので、君主は力があってこそ君主なので、反乱は違法であってもそれが成功してしまえば、覇者となったその反徒が新しい君主として認められる、という法理論が一二世紀頃には確立します。

神の支配と神の王国

橋爪　いまのお話を伺っていると、キリスト教の原則とずいぶんずれていますね。イスラーム政治学、イスラーム国家論と、キリスト教政治学、キリスト教国家論は、とても異質です。違っているなあ、ということなら誰にでもわかりますが、なぜそうなっているのかという、理由を考えなければならない。

キリスト教には、「神の王国（キングダム・オブ・ゴッド）」という考え方があります。王国（キングダム）といっていますが、統治（支配）のことですね。これには、ふたつの意味があると思う。

第一の意味は、創造主である神が、この世界を造り、造ったあとも、この世界を引き続き監視しており、支配しており、その意思があまねく行き届いている、という意味です。この点では、キリスト教とイスラームはまったく同じです。すべての自然現象、あらゆる出来事の隅々にまで神の意思が行き届いています。

よって、奇蹟が起こる。普通、自然現象は規則的に（自然法則に従って）起こりますが、神の意思によっては、変則的な起こり方をする。それが、奇蹟です。キリスト教では、奇蹟を信じなければなりません。イスラームにも奇蹟はあります。奇蹟があるということは、すなわち、この考え方があるということですね。これが、第一の意味です。

この意味の神の支配（神の主権、全知全能）があるわけです。これはもう揺るぎなくある。天地創造の時にあり、過去にあり、現在にあり、未来にあり、永遠にある。神の支配（神の王国）は、すでに実現しているわけです。人間はこれを認め、これに服従する以外にない。これが、一神教の大枠です。

第二の意味が、しかし、キリスト教でいう「神の王国」にはあります。キリスト教の「神の王国」は、将来やってくるのです。まず、イエスがあらわれた。イエスが救い主（キリスト）であり、神の代理人であり、神の子であり、いや、神本人であるとされた。本来なら、人間とこの世界を統治するのにふさわしい存在です。でもイエスは、普通の人間としての姿で、人びとに教えを説き、神の国がやがてやってくるよと伝え、そして十字架にかかって死んでしまった。王として行動せず、ただの人間として行動し、ただの人間としての運命をたどったわけです。その後、復活して天に昇り、いま、神の右に座して、最後の日（終末の時）に、雲に乗り、天使の軍勢を率いてやってくる。これがイエス・キリストの再臨です。

再臨の時には彼は、王としてやってくるわけです。そして、地上の王たちを退位させ、抵抗した場合には容赦なく滅ぼしてしまう。その後、裁判を行ない、救われなかった人びとは永遠の炎で焼かれ、苦しめられます。救われた人びとは、イエス・キリストに従って、神の王国（新しいエルサレム）に入ることが許されます。こうして、神の王国が実現します。

イエス・キリストが人びとを将来、王として直接統治する。これが、キリスト教のいう「神の王国」です。これをキリスト教徒らは、待ち望んでいるのです。「主の祈り」でも、「神の王国が来ますように」と祈ります。

こうして、キリスト教徒は、イエス・キリストが生誕して福音を告げてから、将来「神の王国」（神の統治）が実現するまでの、中間の時期を生きていることになります。この中間の時期に、人びとの生存をどう保障するかという問題が生じます。そこで、イエスの代わりに、人間の国王が出てきて、人びとを支配するという事態が起こります。国王が統治することは、終末の時までの経過措置として、認める。その国王については、先ほど紹介したように、神が立てた権威なので、人びとは服従しなさい、というルールがあります。そうすると、神の王国が到来する前に、人の王国があることになります。人の王国は、神学的に正当化されているわけです。

イスラームには、将来、イエス・キリストみたいな誰かが神の王国をつくるのだが、それまでの経過措置として、人の王国があってよい、という考え方がありません。つまり、イスラームには、政治がないと思います。

中田　ここで補足させていただきますが、すべての世界が神の意思によって支配されているという神の国の考え方は、イスラームにもあります。その意味ではキリスト教と同じです。すべてが神の意思ですから、その意味では善も悪もない。それが自然ということですので。

それとは別に、イスラームは法が基本となります。神の法には、自然法則と人間の法のふたつがあります。自然法則には人間は逆らうことができません。それに対し、人間の法は、背くことができるから法になるわけです。そのふたつの法を神は立てた。つまり、神にはふたつの意思があるということ。ひとつは存在するものすべてをあらしめているところの意思と、もうひとつは法的な善と悪を定める意思です。善は望むし、悪は望まない。望まない悪に対しては罰を下すという善悪の規則を定め、形式化されたものがイスラーム法です。こちらのほうがむしろ、キリスト教のほうの二番目の意味の神の国に近いと思います。

いまお話を聞いてあらためて思いましたが、キリスト教というのは人治なのですね。神の人であるという意味ではイエスになりますが、実際には人が治める。イスラームの場合はあくまでも法が治めるという考え方で、そこがいちばん大きな違いになると思います。

実はイエスは、イスラームでも復活して再臨するのです。復活というより、もともと死んでいないというのがイスラームの立場で、イエスは再臨しますが、彼自身が統治者になるのではなく、その後にマフディー[*10]という救世主的な人間が来て、平和な世界をつくる。けれど、これ自体もやがて滅びて、その後に最後の審判があり、天国と地獄という神の国が来る。そういう考え方なので、そこに神はいても、地上的な意味での統治者はいないわけですね。

ユダヤ教の場合は、ラビ・ユダヤ教[*11]になると来世概念が出てきますが、来世における救いとは地上の国になります。地上のイスラエルができて、そこが楽園になるという考え方なので、存在論的には同じこの世界が続いて、救世主が来て、そこに地上の楽園をつくる。キリスト教もそのイメージをそのまま引き継いで、イエスによる神の国が最終形態になるわけですが、イスラームの場合はそうではない。地上における楽園的なものがいったんは来ても、それも地上のものでしかないので、一度世界全体が滅びて、完全に存在の次元が違う世界になる。そこでは神が直接の統治者になりますが、この場合、統治者といっても、楽園で悪を犯す人間はいないので、その意味では統治はないといっていい。ひたすら楽園は楽園でしかありません。いい人間がいて、そこでは一切の罪がなくて、幸福だけがある。対して地獄のほうでは、悪い人間はそこでひたすら苦を受ける。そういう世界になっていくので、キリスト教とはだいぶイメージが違います。

イスラームの場合は、法が中心であって法＝神、キリスト教の場合は人が中心であり、人＝神という考え方で、そこがやはり決定的に違うという印象を受けました。

橋爪　この話を、ネーション論につなげていきましょう。

将来やって来る「神の王国」が、完全であるのに対して、人の王国は不完全ですね。でも、不満があっても、国王には反抗できない。ということは、「私たちの政府です」という愛国心のようなものは、ないに等しい。イングランドにいる人びとを、イングランドの王様が統治していても、我々はイングランドにいるのだから統治されるのは仕方ない、という感覚でしかなかったろう。

その程度の人びとが、ネーションとなるためには、大きな意識の変革が必要です。王家の支配がずっと続いていくと、人びとの間に、徐々に、そういう芽が育っていくかもしれません。そして、ある事件をきっかけに、自分たちの政府をつくる権利は自分たちにある、という確信を持つに至るのですね。

ホッブズが『リヴァイアサン』で、社会契約説を説き、そこから近代政治学が生まれたことになっています。その前に、ネーションの先駆形態があるのではないかと、私は思います。

そこで重要なカギとなるのが、国民が国王を選べるか、国民が国王を殺せるか、という問題です。国民が、政治的な実力を発揮して、ネーションへと脱皮するためには、国王を殺さなければならないという課題が出てくる。国王を殺す話で日本人がすぐ思い浮かべるのは、フランス革命で、マリー・アントワネットとルイ一六世が、断頭台（ギロチン）で処刑された話ですが、そのずっと前に、イングランドで、国王が処刑されています。話としてはこちらのほうが大事です。

処刑されたのは、チャールズ一世（在位一六二五年―一六四九年）です。概略をざっと説明すると、チャールズは、スコットランド王ジェイムズ六世の次男で、父がイングランド王にも即位したので、ロンドンに移ります。スチュアート朝の始まりです。さらに兄が死んだため、チャールズは、スコットランド、イングランド両国の皇太子となります。

両国の国王として即位（一六二五年）してからは、専制を恣《ほしいまま》にしたために、イングランドの議会や国民と対立します。国教会による統一をはかり、ピューリタンを弾圧し、スコットランドにも国教会を強制したので、各地で反乱が起きます。イングランドでも、王党軍と議会軍の内戦になります（ピューリタン革命）。最初は王党軍が優勢だったものの、クロムウェル率いる鉄騎隊の活躍で、チャールズ王は投降し、議会の手で裁判にかけられます。そして、イングランドに反逆した罪により、死刑の判決を受け、一六四九年に処刑されます。

議会は裁判権を持っているのです。チャールズが、スコットランド軍を率いてイングランドに攻め込んだのを、反逆だとしました。チャールズはイングランドの国王ですが、国王がイングランドの議会と国民と戦えば、イングランドへの裏切り行為となり、罪を問われるのです。

国王を反逆罪で裁いたのは、世界で初めてのケースだと思います。国王は、統治者です。国王に背くのが反逆罪で、国王が反逆罪に問われるのは奇妙な感じがします。でもピューリタンたちは、国家の本体は国民（ネーション）で、国王がその職務を果たさず国民に敵対すれば、反逆罪だ、という論理を編み出しました。国王を含め、すべての政府職員は、国民の利益を守るため、神によってその職務につけられている、という近代的な公僕の感覚が、定着していくのです。

こうしてネーションが存在感を増してくると初めて、国王との間に契約を交わそうとか、そもそも自分たちは国王など存在する前に社会契約を交わしたのだ、とかいう理論が生まれるわけです。『リヴァイアサン』に書かれている社会契約説は、だから、後知恵だと思う。契約によって政府を構成するという契約説のアイデアは、しかし大変すばらしく、その後ロック[*12]やルソー[*13]もみなこれに従った。その考え方によって、アメリカができ、フランス共和国ができ、ヨーロッパの立憲君主制ができていったわけです。このキリスト教のロジックは、実によくできた有効なものだったと思います。

イスラーム法が国民よりも優位

中田　いまのお話を伺っていると、国王が国民に対して反逆したという考え方は、印象としては、むしろ儒教に近い気がしました。儒教の場合、民の声が天の声であって、君主が徳を失うとそれによって革命が起きるという「易姓革命」という考え方がありますから。

さて、イスラームの場合、王様はいくらでも殺されるし、カリフも殺されますが、カリフのほうは、実際にはあまり殺されません。カリフである条件を失わせてしまえば、カリフは資格を失い廃位されるからです。

カリフは一度即位すると、基本的には終身なのですが、もともとの資格条件の中に五体満足というのがある。政治的なリーダーでもありますので、五体満足でないと戦闘ができないからです。例えば目が見えない、あるいは腕がないとなると、カリフ条件がなくなります。ですので、まずは目を潰してしまう。そうするとカリフ資格を失うので、廃位せざるを得ない。こういう形でカリフが廃位されることもあるわけです。

王様レベルでも、いくらでも反乱は起きます。とくにオスマン朝になると、反乱が多くなってきます。オスマン朝のスルタンがカリフであったかどうかは歴史的にも議論がありますが、基本的には王とカリフの両権を兼ねています。この場合、廃位する時は、シャイフ・アルイスラームという、イスラームの法学的な学識がいちばんある人間が廃位の宣言を出します。この人間はイスラーム法に反している。従って、もはやカリフではない、スルタンではないという宣言の形を取るんですね。

これもやっぱり法であり、法をつくるのは国民でないので、その主体は国民ではありません。法の主体は何かといえばもちろん神なわけです。そしてその法を知っている人間はイスラーム法学者であり、法学者の名においてそれを裁くという形になる。この辺がいまのキリスト教世界の話と大きく違いますね。イスラームには国民という概念はありませんので。

橋爪　それは、国民という概念がないというよりも、国民のようなものができないようにしている装置だ、と考えたほうがよくないですか。

中田　そうですね。しかし、そうは言っても、統治者にはある程度の民の支持が必要です。イスラームには「アドル」という言葉があります。これは正義とか公正と訳されていますが、語源的にはバランスの意味ですね。イスラームの民に法の細かい知識がなくても、いくらなんでもこの物価は高過ぎる、ここまで税金を取られるのはおかしいといったレベルで、民衆反乱が起きてきます。その時には、王はアドルを失ったということになります。

現代につながるようなネーション概念の特徴は、領域というものに深く関係していますね。現代の国民国家の形態をもう少し詳しく言うと、領域国民国家です。テリトリアル・ネーション・ステートなので、基本的にはこのふたつは一致するものです。しかし、どっちが主かといえば、テリトリーのほうでしょう。そのテリトリーに住んでいる人間が国民なので、あくまでもテリトリーのほうが上にあるわけです。

橋爪先生がおっしゃった、ネーション・ステートの先駆形態、ナショナリズムの種になるようなものもふたつあって、ひとつは血縁、もうひとつは地縁、つまり場所です。基本的には血と場所であると思います。血縁を主体にした同じ民族、血縁集団が同じ土地に住んでいる。その両方があって、そうではない外部の国と自分たちの国を区別する。

しかし、そのネーションの概念には矛盾が生じやすい。例えばトルコという国を見ると、この矛盾が非常にはっきりと見えます。血としてのトルコ民族は、もともとは中国の草原あたりからやって来たわけです。昔はそこにいた人たちがどんどん西に移住してきて、土地の民との混血を重ねて、現在のトルコ共和国の地に落ち着き、いまのトルコ人となったわけです。しかし、実際のいまのテリトリーはまったく違う場所で、そこにはもともとはトルコ人はいなかったわけですね。トルコの歴史では、トルコ民族の歴史と、自分たちのルーツとは違ういまの領土の昔の歴史を教えられる。それに加えてイスラームの歴史を教えられる。さらにいまのトルコ共和国のアナトリアに古代に住んでいたヒッタイト人とか、現在のトルコ人とは民族的にはまったく関係ないすでに消滅した民族の歴史が教えられます。明らかにおかしいわけです。一体どこに自分のアイデンティティがあるのかわからない。イスラーム社会というのは、どこに行ってもそんな矛盾が出てきます。

インドネシアも、もともとそこにいたのは血縁的にはアラブ人とも中東の諸民族とも何の関係もない全然違う人たちです。しかも、土地そのものも、オランダに植民地にされたというだけでもともとのテリトリー意識は薄い。

そういう意味で、領域国民国家、テリトリアル・ネーション・ステートというものは血と場所のふたつが、たまたまほぼ一体化していると言える地域では成立しやすいのですが、実際にはそのふたつが必ずしも重なるわけではなく、それに宗教的な帰属などが複雑に絡まり合うと、ますます矛盾が大きくなるというわけです。

イスラームの場合、地縁、血縁というのは、どの民族にもある人間をカテゴライズする自然なやり方ですので、それを否定はしません。しかし最終的に何に忠誠を誓うかというと、イスラームでなければなりません。イスラームの教えに反しない限り、地縁、血縁を大切にすることは認められますが、矛盾する時には、血縁や地縁を断ち切ってでもイスラームに、つまりカリフの統べるウンマ、ムスリム共同体に忠誠を誓わなくてはならないのです。民族の違いも国境線もなく、最終的には神のもとでイスラームをひとつにしていこうという力が常に働いている。その考え方は現代に至るまで変わっていないと思います。

教会が実在すれば、法人も実在する

橋爪　話を聞けば聞くほど、イスラームとネーションは本当にそりが悪いですね。

キリスト教徒のネーションとは、忠誠の対象なのです。自分の国なのです。国家は主権を持っていると人びとは確信していて、彼らのさまざまな活動、忠誠心を限りなく吸収するだけの力があります。だから近代戦争でも、キリスト教徒は強いのです。ではなぜ、国民（ネーション）は、主権国家をつくるのか。主権とは本来、神の性質であるはずなのに、そんなものを人間がつくってよいのか。その根拠をずっとさかのぼっていくと、キリスト教徒に、体の比喩があるからだと私は考えます。

キリスト教にあってイスラームにないのは、教会です。教会がどういうものかというと、はじめは、異教徒に囲まれた信徒の小さな集まりでした。イエスが亡くなった後、再臨するまでの間、教会をつくって頑張っていなさい。そう、指示されたのです。

しかし、それだけでは信徒たちは心細いわけです。弱い人びとが集まっただけで、すぐ散らされてしまうかもしれない。個々人の利害や欲求を優先すれば、教会はすぐにもばらばらになってしまいます。

そこで、そうならないように、体の比喩を使うことを思いついた。イエス・キリストが頭である。そして、信徒たちは胴体であり、手であり、足である。それぞれが、与えられた場所で与えられた働きをする。イエス・キリストが頭ですから、体はイエス・キリストの考えるとおりに動かなければならない。信徒は、イエスから決して離れてはならない。だから、教会はひとつしかないのですね。頭がひとつ、体もひとつです。

ところが、現実には、ローマ帝国の東西分裂を期に、オーソドックスとカトリックとが分かれてしまいました。でもまあ、西ヨーロッパはカトリックだけなので、オーソドックスを無視すれば、教会はひとつである。まあいいやとこれで、一五〇〇年ぐらいやってきたわけです。そこにプロテスタントが出てきて、カトリック教会に叛旗《はんき》をひるがえしました。カトリック教会は聖書にも、イエス・キリストにも根拠を持たない。ならば、神とイエスと聖書と私。これでいいじゃないかと言い出して、カトリック教会と無関係に動き出した。

プロテスタントには、ふたつの選択肢がありました。ひとつは、教会をなしにしてしまう選択肢。これを選択すると、個人だけになって、体がなしになります。もうひとつは、カトリック教会と別に、新しく教会をつくろうという選択肢。プロテスタントの教会ができます。

しかし、プロテスタントは、ちょっとでも考え方が違うと、すぐ別の教会をつくってしまう。そこで、頭がイエスの、小さな教会がたくさんできた。カトリックがいくら教会はひとつだと主張しても、プロテスタントの教会がいくつもある。こうして、体が複数になった。それでも、その体は、みなイエス・キリストにつながっていると考えます。

教会とは何かと言えば、法人です。自然人ではない。

聖書に、人間は神が造ったと書いてあるので、人間の個々人は、確かに存在する。ジョンもメアリーも、あなたも私も、みんな自然人として実在する。じゃあ、法人は実在するのか。法人を造った、とは聖書には書いてない。『創世記』のどこにも法人は出てこない。よって、法人は存在しない。これが、イスラームの考え方だと思います。

キリスト教はどう考えるかと言うと、教会が自然人の集合体である以上、教会は、すなわち法人は、存在する。このように考えざるを得ません。教会以外の法人が実在するかどうか、知りません。でも、少なくとも、教会という法人が実在すると考えます。イエス・キリストがその頭なのです。

教会がどうやってできたのか。イエスの約束（新約）に従いますと誓約して、洗礼を受け、その列に加わるというやり方で、契約によって成り立っています。契約によって法人が実在する、という考え方があれば、その延長に、社会契約説ができ上がります。国家が法人として実在すると考えるところまで、あと一歩です。こうした考え方は、民族や言語などの伝統や習慣のなかで育ってきたのかもしれません。国家が、法人としての存在を正当化する時には、人びとの意思（契約）によってできた、と主張することになります。これが、キリスト教圏の政治学の、根本的な主張です。

『リヴァイアサン』の序文を読むと、とてもよくわかりますが、人体のアナロジーが描かれています。オートマトン（機械仕掛けの人造人間）が、国家だと言うのです。人びとは生意気にも、神の創造の業《わざ》をどんどん真似するので、神が自然人を造ったように、人造人間（国家）をつくっていけないわけがあろうか。だから、契約によって人造人間をこしらえました、と書いてあるのです。

国家が実在するという確信は、法人が実在するという確信の、延長上にあるのです。その国家は、国民から負託された権利を代行する権力を持っています。物理的実力があり、戦争もするし、法律も制定するし、経済を含めいろいろな活動をする。つまり、それが、主権をそなえた国民国家なのです。

中田　おっしゃったとおり、法人概念というのは非常に重要だと私も思っています。いまのお話の体の比喩は実はイスラームにもあります。ウンマというムスリムの共同体の話を先ほどしましたが、イスラーム教徒はすべてひとつの体であって、誰か一人が痛むと、体のどこかに熱が出る、体全身が熱を持って寝られなくなる。そういう比喩があります。しかし、それはあくまでも比喩であって実際にそうなるわけではない。それに形而上学的な実在性を与えているのがキリスト教の特徴で、それが先ほどおっしゃったキリストの体の比喩ですね。

キリストの体とは、ミサの時に使うパンのことです。これに関してはカトリックとプロテスタントで意見が分かれますが、カトリックの考え方では、あれは文字どおりキリストの体です。

なぜそうなるのかと言えば、理念がそうするわけです。物理的にはただのパンなわけですから。しかし、そのパンに理念が宿ることによってキリストの体になる。この考え方は、プラトンの考え方と同じで、ギリシャ哲学にまでさかのぼると思います。自然人という考えもそうです。我々は、自然人というと、普通に自然に生きている人であると考えますが、物理的には人間は、部分をとればただの物です。それがなぜ全体を一人の人間と見るのかというと、そこに霊魂が宿っているからだという。イスラームの場合は、人間や動物に霊魂があるということは認めても、社会というものにはクルアーンの根拠がないので、それは認めないわけです。

キリスト教の場合は、そこが違います。その時に鍵になるのが聖霊（父、子［イエス・キリスト］と並ぶ神の第三の位格。父と子から出て、父と子と同質であり、同一である）です。聖霊の概念の重要性は、私自身がキリスト教徒ではないのでよくわからなかったのですが、同志社大学に行って実感しました。キリスト教でいちばん重要なのは、父でもなければ、イエスでもなく、聖霊ではないかと私は思っています。その聖霊とは何かといえば、教会です。聖霊は教会に宿っているわけです。

イスラームの正典クルアーンは、預言者ムハンマドによって書かれたものですが、それを我々は神だと思っています。けれども信仰という前提を取ってしまえば、あれは作者である預言者ムハンマドの言葉ということになります。

ところが、キリスト教の場合は、旧約も新約も、多くの人間たちが書いています。新約聖書の一部はパウロの手紙だったり、あるいは、福音書もヨハネ、マルコ、マタイと、いろいろな人間が書いているわけです。そのいろいろな人間が書いているものを、教会は神の書である、神が書いたと言っている。なぜ教会が神の言葉であると言うのか。それは教会に聖霊が宿っており、その聖霊が旧約、新約聖書の本当の作者だからです。

キリスト教にとってなぜ教会が重要かというと、そこには聖霊があるからです。単立教会であっても、数多いプロテスタントの教会であっても、これが神の言葉、これが神の国だと言えるのは、自分たちの教会に聖霊がついていると信じているからです。その意味で、最終的に何がいちばん重要かというと聖霊であり、極論すれば、聖書もイエスもさして重要なことではないと思っています。

法人概念というのは、まさにその聖霊概念によって支えられている。聖霊が宿ることによって法人は法人となる。もちろん契約によって法人化するわけですが、それを支えている理念は、これを超えたイデアの世界であるギリシャ哲学につながっていくのですね。つまり、ギリシャ的なものにユダヤ的なものがくっついたのがキリスト教だといえます。

イスラームの場合、この考え方は薄いのですね。神秘主義はあって、形而上的な思考になってくる部分ではそういう話もしますが、基本的には非常に薄い。しかし、キリスト教にとってその法人概念は本当に重要であって、それが世俗化してきたものが現代です。国家も教会をモデルとする法人であり、それが完全に世俗化されたものです。いまでは普通の会社もすべて法人になっています。いま、世界を支配しているグローバリズムの企業もすべてが法人ですから、その意味では法人こそ、そこにすべてが集約される重要な概念だと思います。

法人にも霊が働く

橋爪　聖霊が大事だというお話でした。

確かに聖霊は、大事です。大事ですが、神もイエス・キリストも、大事でないとは言えないですね。普通のキリスト教は、これらを同等に大事だと考えます。イスラームには霊はあっても、聖霊はない。どうしてキリスト教に聖霊があるかというと、イエスが昇天した後に、聖霊が降りて来た。そう、弟子たちが証言するからです。『使徒言行録』にそう書いてある以上、聖霊が存在しないわけにはいかない。聖霊が存在するとわかって、キリスト教は、旧約聖書の読み替えをしなければならなくなりました。旧約聖書には、「霊」という言葉がたくさん出てきます。これはもともと、聖霊ではなく、ユダヤ教の考え方で、「風」であり、「生命」です。風であり生命であるなら、神が造った生命あるものにはみな、霊が宿っているはず。鼻で呼吸するものにはみな、神からの霊が吹き込まれている。溺れると呼吸ができず、その霊が失われます。そこで、ノアの大洪水を前に、すべての動物たちはひとつがいずつ方舟《はこぶね》に入れてもらって、洪水を生き延びるのです。というふうに、旧約聖書『創世記』に書いてあります。

さて、この霊を無理やり聖霊と読みかえてみると、つじつまが合わないところだらけです。そこはカトリック教会が、強引につじつまを合わせている。さもないと、聖霊が存在していることにできないわけです。『マタイ福音書』の一八章二〇節に、「教会とは何か」という疑問に答える一節があります。「私を信じる者が二人、三人集まるところには私もその中にいるのである」と、イエスが述べています。よって、信徒が集まるところ（教会）には、イエスがいて聖霊がいると。もちろん一人でいる時にも、聖霊が働いているわけで、言い換えれば、聖霊とは、信仰の別名なのです。

信仰とは、自分の主体的な選択によって信じているのではなく、神が働きかけて、それに応答させてもらっている現象なので、まず聖霊がその人に働いて、それに応答する形で信仰の自覚が生じるわけです。だから、程度の違いはあるかもしれないにせよ、すべての人間に聖霊が働いているということになる。

では、法人に霊が働くのか。霊は、モノや肉体を超えたもので、イスラームも、キリスト教も、ユダヤ教も、それはあると考えています。一神教は必ず、霊を認めます。なぜなら、神がモノをつくったからです。ならば、神はモノを超えたものです。そして、神の存在は、霊的なものです。物体的なものであるかどうかは慎重に考えるとして、霊的でなければ、神とは言えない。そして聖霊は、そこから出ているのです。

人間はモノを超えたものかといえば、我々はモノです。確かに、モノではあります。けれども人間には、モノを超えたものであるという確信があるでしょう。それを、霊と呼ぶのです。教会はどうか。教会は、人間が集まったモノですが、頭がイエス・キリストなので、人間を超えているわけです。よって教会は、霊に満たされている。

さて、法人は、モノを超えたものか。個々の人間を、超えているのかどうか。

個々の人間を超えている、というのが、法人の定義です。法人もまた、有機体なのです。人間をそれぞれのパーツとしながら、ひとつの意思を持っているかのように、動く。霊の特徴とは、意思があること、考えること、じゃないですか。では、その意思はどこから出てくるのかというと、人びとの集合意思（契約）から出てくる。契約とは、意思の関係です。私はこう思う、私もこう思う、私はこう約束する、じゃあ、みんなでそういうことにしましょう、という申し合わせです。合意した途端に、その合意がすべての人びとを拘束し、誰かがその合意をなかったことにしてくださいと言っても、契約に縛られているので、そこから抜けられない。AさんもBさんもZさんも、全員抜けられない。その合意が一人歩きしていくことになる。その一人歩きしている合意がモノかと言えば、そうではない。よって、霊的なものなのです。

主権国家はその意味で、霊的です。株式会社も、霊的だと言えます。株式会社は、利潤を追求する、という意思を持っているわけです。株式会社の成員はみんな、その目的に従って、言うことを聞かなければいけない。

こういう考え方があると、合目的的な集団をつくるのが、とてもやりやすい。例えば政府は、国民の利益や福祉を追求するための合目的的組織ですね。企業は、経済的利益を追求するための、合目的的組織です。財団、学校、病院、どういう組織でも、任意につくれる。任意につくった後に、その法人を守るのが、法です。だから、法人を自由につくれるということは、契約が自由にできることであり、法を自由につくれるということでもある。キリスト教徒は宗教法を持っていないので、これがまったく自由にできる。

イスラーム教徒は、神の意思がイスラーム法になっているので、人間の意思がこれを上書きすることができない。これが、イスラームとキリスト教の、根本的な違いだと思います。

中田　キリスト教もユダヤ教の律法的なものをある程度内に含んでいますので、イスラームも基本構造は似ている部分もあります。しかし、細かいところを見ていくとかなり違います。最も違うところは「代表」の概念です。代理と代表では役割が違います。キリスト教世界では国家でも法人でも、人びとの集合意思をこの人間が代表しているという考え方が基盤にあります。イスラームにはそういう代表の概念はありません。

順を追って説明すると、契約に縛られるのはイスラームでも同じです。しかし、イスラームの場合、何でも契約をしていいわけではない。基本的にはローマ法にもある典型契約という考え方で、文言が非常にはっきり決まっていて、その形に合ったものしか契約できない。そもそも最初の契約の文言が神によって決められていて、それに合ったものしかできないわけです。

ところが、その縛りがだんだんとれて、自由な契約ができるようになりますが、これはお互いの合意の範囲内でのことでしかない。例えば、いま、パソコンを買うと、すごい量の契約書がついてきます。そんなものは誰も読まないわけです。こういうことはイスラームでは許されません。この物はいくらであると、それぐらいしか書けない。それ以外の付帯契約などは全部無効です。有効性を訴えても、法的な保護は与えられません。あくまでもそれは商人の間の自由意志で、慣習としてしか認められないという形になっているのです。つまり、法に保護された自由な契約は、実質的にはできません。ですから、利子はつけることはできません。お互いに同意して勝手にやるのは構わない。しかし、相手が約束を守らないと訴えても、これは当然無効です。

ここで何を言いたいのかといえば、イスラームは法の宗教であって、そこでいう「法」とは人間、あるいは国家が恣意的に制定することができる「法律」とは違うということです。イスラームは万人祭司主義といって、誰もが法を自分で理解しないといけない、というのが原則です。なので、盗んではいけないとか、これがいくらだと決めたら払わないといけないとか、誰でもわかるようなことしか法にならないわけです。契約自体も、あまり複雑な契約をつくると、だまされたりするので、そもそもつくってはいけないことになっている。

会社組織もつくれはするし、利益を追求する目的である程度は合意できますが、その合意を代表する人間はいません。イスラーム法には代表はありませんが、「代理（ワカーラ）」はあります。代理人は、委託されたことを行なう法的権限を有します。代理人が行なう権限があるのは代理を委嘱した者が認めたことだけであり、それ以外のことはできません。また代理人が委嘱者の行為を代行できるのは、代理を委嘱した者との間に自由な意思に基づく契約を結んだからであり、その意味では代理人の権限は委嘱者の同意の意思に基づきます。

しかし、商行為の代行はできても、夫婦生活の代行などはできません。すなわち、相手の同意だけでは十分でなく、イスラーム法による授権が代理の権限の最終的な根拠です。代理人は委嘱された行為を代行しますが、それはイスラーム法が委嘱契約による代行の権限を認めているためであり、代理人が委嘱者の意思を代表しているというフィクションによるわけではありません。これが政治になるともっとはっきりします。イスラーム法では、政治はこの「代理」と「後見（ウィラーヤ）」の組み合わせです。「後見」は親の子に対する権限のように、庇護者《ひごしゃ》として相手のために行為する権限であり、その権限は相手の意思にかかわらずイスラーム法によって授権されています。

後見は被後見人の同意を必要としませんので、イスラームにおいては、君主は、ムスリム共同体によって選ばれた代理人の側面と、庇護者としてムスリムを統治する後見人の側面の両面を持つことになります。代理人としては、誰かが公約を立てて選ばれて皆がそれに同意したなら、その同意に基づいてその公約を代行することはできてもそれ以外のことを行なう権限はありません。しかし後見人としては、例えば北朝鮮がミサイルを撃ってきた時に、宣戦布告をするのか、撃ち落として終わるのか、それについては選挙の時点では当然決めていないわけですから、君主がムスリム共同体の意思を代行することはできませんが、後見人としてムスリム共同体のために自分が良かれと思うことを行なう権限があるので問題はありません。君主がムスリム全体を代表しているなどというフィクションは必要ないのです。後見人としての君主の行為は、彼だけの責任であり、最後の審判の日に神の裁きを受けるのであり、ムスリムの民衆がその責任を問われることはありません。

これに対して西欧のシステムは、いったん選んだ人間は代表です。集合意思をこの人間が代表しているという考え方になる。これはある意味では全体主義的な考え方につながっていく恐れもある。それはイスラームにはない。ない代わりに、当然動きにくくなるわけです。単なる合意では従わない人間が出てきますし、それに対する罰則もないわけですからね。代表という考え方があるかないかというのは、西欧との非常に大きな違いだと思います。

国民国家と代表の概念

橋爪　そこはとても大事ですね。

代表には、代表されるものと、代表をする者とが必要です。ナショナリズムの場合、代表されるものは何かというと、国民の利益（国益）です。国民の安全や福祉も当然入ってきます。

代表は、その全体に対して責任を負います。

代表するのは誰かというと、まず、政府です。大昔なら、国王ですが、その後はいくつもの政府機関に分かれ、大統領や首相、中央省庁、軍隊、裁判所、……と、それぞれの職能に応じて国益を守る。その職能のあり方を定めているのが、憲法です。

このことについて、ネーション（国民国家）は確信を持っています。国民は、政府に文句は言いますが、それは政府のパフォーマンスが悪いからであって、政府が自分たちを代表すべきであるということに関して文句を言っているわけではない。

でも、いまのお話だと、イスラームは、政府のパフォーマンスが悪かった場合、私はこの国を抜けよう、と思う人間が出てきても、それを誰も止められないような構造になっているのですね。

中田　そうですね。カリフにしろ、スルタンにしろ、ムスリムの代表ではなく、あくまで代理人でしかない。スンナ派[*14]が、カリフやスルタンを選ぶ時は、もちろん力ある人間を選ぶわけですが、この時、形の上では契約を結ぶことになる。ただし、この契約は先ほど先生がおっしゃったホッブズあたりから出てくる契約の概念とは大きく違います。イスラームではこれを統治契約——あるいは君臣契約と言いますが——によって処理します。つまり秩序自体は神が立てた中で、統治する者と統治される者が、お互いの条件や権限、義務について合意をするのです。もともと対等じゃないわけです。

西欧の社会契約は、その権威自体を平等な人間間で立てますが、イスラームの場合は、君臣契約です。預言者にしても、人びとが選んだわけではなく、神が預言者を立てたわけです。ですので、預言者に対して忠誠を誓う。カリフは、預言者が残した法を守る。他の人間たちはそれに従う義務があるという契約です。このことは初代のカリフ、アブー・バクルの時から非常にはっきり明言されています。私が神の法に従っている時には従いなさい。そうでない時は従う義務がありませんと。

しかし、異教徒との間にこの契約は成立しません。異教徒にとっては、スルタンやカリフは代表でも代理でも何でもないので、税金さえ払えば勝手にやっていいし、嫌なら抜ければいいという、そういう存在になります。異教徒はイスラームの中では外面的には法を守る必要はありますが、心情的には、忠誠心を持つ必要はない。従ってどこに行こうが構いません。

代表には服従する義務がある

橋爪　それはまったく、前近代的ですね。近代は、代表という考え方でできているので、イスラームは近代以前、と言わざるを得ません。

イスラームがなぜそこまで、代表という考え方を受け入れないかというと、人が人に従うように見えてしまうからでしょう。イスラームは、人は神に従うべきであって、神以外の者に従うべきでないと確信しているので、人が人に従うことを、良くないイメージでとらえるのだと思います。

では、神に従うはずのキリスト教徒が、なぜ自分たちの代表を立てて、その代表に従うのでしょうか。この問題を考えてみます。

まず、人は神に従うべきであるという考え方はもちろんあるとして、人が神に本当に従うのは、最後の審判の後です。それまで神は不在で、すべての人間は罪深いのでした。だから、地上には悪が存在し、この悪を神は放置している。善人の上にも悪人の上にも神は太陽を昇らせ、雨を降り注がせると、聖書（『マタイ福音書』五章四五節）には書いてあります。善人に太陽が昇って、悪人には昇らないというとわかりやすいですが、そうはいかないでしょう。では、その悪をどうするかという問題が出てくる。泥棒、強盗、詐欺、殺人、……など、この世にはいろいろな悪があって、これを自力救済しようにも、力のない人びとは泣き寝入りばかり。そこで、代わりにうんと強い人に頼んで悪をやっつけてもらおう、ということになった。その強い人をみんなで選んで、その人の言うことを聞きましょう。これが、最初の代表の概念です。

こうして、代表というものが存在していいことになった。国王が存在し、政府が存在してよいという、合意があるわけです。この代表は、世俗の誰かでいいということになった。代表が悪人だったらどうなるかという悩ましい問題はあるにせよ、それを含めて、代表であることを認める。でも彼の裁きは、不完全で暫定的なものにすぎない。最終的な落とし前は、最後の審判の時にイエス・キリストにつけてもらいましょう。人間がそれを判断してはいけない、という考え方でまとまった。

一方でキリスト教の教会に属し、イエス・キリストに従う信仰を持ちながら、もう一方で代表を認め、人に従う。その人は、法人であって、個人ではない。こういう考え方が、キリスト教流なのです。

中田　キリスト教の場合、代表という概念は、その人間がどんな人間であろうと、自分たちの代表であること自体は崩れないわけですね。
しかしそれも、かなりフィクションのような感じがします。とくにアメリカの場合は、移民の国であるということが理念としてある。文脈をかえてみて、アラブ世界もまさに移民の国であって、移民という言葉すら知りません。アラブ首長国連邦、カタール、クウェートなどペルシャ湾岸諸国などは、出稼ぎ労働者が八割という国ですから、国民と呼べる存在はほとんどいないに等しいのですね。

そういう目で見ると、アメリカは実質的にはいまは移民の国ではない。少なくともいまのアメリカは、アメリカで生まれた人間が圧倒的多数なわけです。けれども理念としては移民の国ということになっている。ということは、国民というのはあくまでもつくられたものであり、新しい人間が入ってくることもあるし、出ていくこともあって、その意味では、ぴったりとは一致しない。

とくにトランプが出てきてから、国民が二極化していて、リベラルなほうの国民はトランプを自分たちの代表とは認めてないわけです。するとその代表の理念自体もかなり怪しくなっているような気がするのですが、その辺は実感としてはいかがなのでしょうか。

橋爪　大統領が選挙で選ばれたのなら、自分たちの代表、に決まっているのです。どんなに悪人に見えようと、どんなに意見が違おうと。でも、代表にふさわしくない人が選ばれてしまった。たまにはそういうことがある。人間は間違えるんです。それが恥ずかしくてしょうがない。私はトランプの言うことを聞きませんと内心では思うけれど、公には言えないわけです。それが代表ということです。

中田　そうですよね。その不満が高じてくると、代表という理念自体が崩れてしまうということも当然あり得るわけですね。

橋爪　あのヒトラーでさえ、選挙で合法的に選出された。首相になり、その後、総統になるわけです。自分たちの指導者にふさわしいかどうか、当然ドイツ人も悩んだと思いますが、それでも自分たちの指導者であり代表なのです。

中田　そのヒトラーは最終的に、革命でなく戦争で負けるわけですが、いま、日本も含めて、全体主義化、権威主義化しているというのは確かだと思うのです。代表という考え方は、社会契約論や天賦人権説などで理論武装していた人たちの理念によって支えられてきました。まさに橋爪先生のような方々が支えてきた理念だと思います。

しかし、自分たちの代表だとして選出した人間が、どんどん道を逸《そ》れて自分たちの代表ではなくなっていく。どこかわからないところに行ってしまうこともある。ナチスはその典型ですが、それを心地よいと考える人たちが出てくる。それでもその指導者に従ったほうがいいとなると、自由民主主義の契約国家ではなくなってくるのではないか。いま、そうした危機が訪れているような気がするのですが、どうでしょう。

橋爪　代表というのは、自分の意見が個別に反映されることとは無関係だ、という点がとても大事なのです。議会制民主主義で多数派が政権を構成するのであれば、必ず自分の意見が反映されない少数派が出てきます。しかし、そのことでいちいち文句を言って、代表制を認めないのであれば、民主主義は成り立ちません。

中田　まさにそのとおりですね。

橋爪　制度がまずければ、多数派が無視されて、少数の意見が通ってしまうこともあります。ヒトラーの場合は、選挙で合法的に選ばれたあと、全権委任法を作って、独裁者になってしまう。つまり、民主主義から合法的に、独裁政権になってしまった。そうなると、独裁者の意思が政治に反映するので、大多数の人びとの意思は反映しなくなってしまうのですね。民主主義は、多数決ですから、少数の意思は無視されます。でも、多数の意思を無視する独裁よりはまし、なのです。

独裁者が、人びとの意思を無視している。この場合、抵抗権や革命権といったものがあり得るかどうか。ドイツでは、抵抗みたいなことはあまり起きなかったでしょう。独裁制を倒すため、唯一起こりうるのは、良心的テロです。ヒトラーを暗殺する。独裁者が生きていれば、独裁者に従わなければならない。独裁者が死んでしまえば、それから解放される。これ以外、ドイツを救う道はないのです。

ヒトラーの暗殺計画は何回かありましたが、いちばん大きな事件では、軍を中心に一〇〇〇人ぐらいが加わって五〇〇人ぐらいが逮捕されたこともある。この事件では、ルター派の神学者の、ボンヘッファー[*15]が暗殺計画に関与して、それで死刑になっていますね。ボンヘッファーは、ヒトラーが自分の代表だと確信していたかどうか。確信していたからこそ、暗殺しようとしたのだと思います。その意味で、代表という考え方に対する信頼は、ボンヘッファーにも、ヒトラーを暗殺しようとした人びとにもある。その信頼がないのなら、ヒトラーと無関係になればいいのであって、暗殺なんか必要ない。イスラームの考え方はそちら側だと思います。

中田　はい、代表が気に食わなければ逃げていくという方法もあるわけです。国民国家がたくさんある中では、それが可能です。ところが、イスラームには国民国家の理念がもともとないので、そもそも逃げるところがない。サダト暗殺[*16]計画はそれに近いと思いますが、それは代表概念からくる考え方ではなく、代理としての指導者が資格を失ったために、その人間は殺さなければいけないという考え方になるわけです。

橋爪　ヒトラーの場合は特別です。独裁者になったら、抵抗する手段は暗殺しかありません。でも、そこまでではない場合、独裁によって不都合なことが起こったとしても、それはネーション（国民）の連帯責任です。そうなったのには自分にも責任がある、と思わなければいけない。

ナショナリズムと戦争

中田　ネーションの場合、少なくとも内部に関しては一体だという建前があります。これが崩れない限り、内戦としての戦争は起きにくいですね。むしろ、内部の凝集力を高めるために外に敵をつくるというのはよくあることです。国内が平等に一体であって、みんな幸せであればいいのですが、そうでない場合、無理やり内部の平和を保とうとすると、外部に敵を作り出して人びとの一体感を煽る。そういう理由から外との戦争がよく起きます。それを調整するために国連が動いているわけですが、そういう戦争は跡を絶ちません。日本もこれからどうなるかわかりませんが。

その時によく使われるのがナショナリズムの論理です。日本人には自分たちで国を作ったという意識が薄いので、そういう意味でのナショナリズムの意識は国民一人ひとりは当然弱いわけです。とはいえ、全員が同じ国民のはずなのに、代表、つまり中央の方針に合わない人間はみな非国民扱いされる時代がありました。政治的な都合で、そういうナショナリズムを煽るような言説が非常に恣意的に出てくる。いまの日本にも私はそういうものを感じます。

橋爪　一九三五年から四〇年くらいの時代、不穏な空気はありましたが、確実に日本という国は存在していたし、国民という集合体も存続していたわけです。

一九三一年に満州事変があって、中国の東北地方を日本の傀儡《かいらい》国家にしたとか、一九三七年に支那事変（日華事変）があって、日本の陸軍、海軍が中国に攻めていったとか、一九三七年一二月から翌月にかけての南京《ナンキン》事件とか、さまざまな伏線があり、ついに一九四一年に対米英戦争に突入する。これはみんな代表による、日本という国家の行為です。

では、その責任は、誰にあるのか。当時、憲法があり、議会があり、総選挙もあって、国民は意思表明するチャンスがあったはずです。さらに新聞もあったし、言論もあった。軍部の力が強くなっていたにせよ、独裁とは言えない。とすれば、この日本の国家行為の責任は、国民国家の原則からして、最終的に国民にあります。だから、その責任が、戦後にも継承されるわけです。

韓国が当時の慰安婦問題を言い出せば、その宛て先は、いまの日本国民になる。いまの日本国民は、その時に生まれてもいないし、当時の出来事とまったく無関係なわけです。何でいまごろそんなことを言われるのだろうと腹立たしく思うかもしれないが、いまの日本国民以外に、過去の日本国民の責任を取り得る立場にある誰かはいません。

もう少し言えば、そうした、いわれのない過去の国民の責任を取り続けない限り、国民という団体は存在できないし、他の国民から承認されることもないということです。これが国民というやり方のルールです。

これは時に、非常に不合理で、時に非常にわずらわしい。でも、ここでめげてはいけない。これはルールなのだから。どこの国でも、みんな、時に落ち込みながら、時に不合理だと思いながら、それをやっているのです。

中田　まさにおっしゃるとおりだと思います。いまの国民は、当然昔の国民とは違いますから、責任を取るのはおかしいと素朴に実感するのはよくわかります。これは私も昔、山本七平先生[*17]の本を読んで学んだことですが、我々がつくったものでない過去の遺産をすべて引き継いでいるわけなので、当たり前のことですね。破産宣告しない限りは、負債も引き継がないといけない。しかし破産宣告をするなら先人の遺産もすべて放棄しなければ理屈に合いません。ただ理屈ではわかっても、なかなかそれは実感できないのですね。しかも質《たち》の悪いことに、そうした一般の庶民の感情を、わざわざ利用しようとする人間もいる。

いまある国家はそういうルールだから仕方ない、民主主義の世の中はそのようにできているもので、いきなり変えようと思っても変えられないというのはおっしゃるとおりですが、そのルールはそれほど強固なものでしょうか。実際には結構変わっていっているように思うのですが。いま現在承認されている国は二〇〇（日本が承認している国の数は一九五、これに日本を加えると一九六）近くありますね。

橋爪　そんなにありますか。

中田　ええ。私が学生の頃にはまだ一二〇、一三〇だったと思うのですが、いつの間にかこんなに増えていて、知らない国がいっぱいできている。ごく最近の話ですが、イエメンという国にクーデターが起きて、南イエメンの分離政府というのができてしまった。分離派がアデン市（元南イエメン首都）の政府施設を占拠して制圧したという情報が入っています。イエメンという国は、中東の最貧国で、一九九〇年の南北統一後も旧南北の利権争いが絶えず、シーア派*18とスンナ派の宗教対立も混乱のもとになっている国です。イエメンの首都サヌアでは、武装組織フーシ運動（北部のサアダ州に拠点を置くザイド派──イスラーム、シーア派の一派──の組織）が占拠して暫定政権を作ってしまい、大統領（ハディ大統領）はサウジアラビアに逃亡したままの状態です。このフーシ運動という武装一派は、シーア派の部族連合やイランが後押ししている組織ですが、分離政府を打ち立てても、国際的にどこにも承認されていません。

我々が子供だった時はまだイエメンは、南イエメンと北イエメンに分かれていたのですが、その後統一し、今度はまた複雑にバラバラになろうとしている。これがどうなるのか、いまのところわかりません。いまそういう事態があちこちで結構起きていますし、ひょっとすると朝鮮半島もひとつになってしまうかもしれません。ということは、いまある国家というのは、決して不変ではないのですね。変わることは十分あり得る。その意味では中東、イスラーム世界というのは、これから注目すべき点が多いと思います。

＊1　ベネディクト・アンダーソン　一九三六年生―二〇一五年没。政治学者。専門は比較政治。一九五七年、ケンブリッジ大学卒業（古典）。一九六七年コーネル大学で博士号を取得、コーネル大学教授（政治学・アジア研究）。主著に『定本　想像の共同体―ナショナリズムの起源と流行』（書籍工房早山）などがある。

＊2　ヤハウェ　Yahweh　ユダヤ教の万物の創造主である最高神。キリスト教の父なる神に当たる。ヤーべとも。

＊3　北王国　イスラエルの民の建てた王国は、ソロモン王の酷政がもとで、紀元前九二八年、北の一〇部族からなる北王国と南のユダ族とベニヤミン族を含む南王国に分裂した。北王国はイスラエル王国、南王国はユダ王国となった。

＊4　アーサー王伝説　フランスを中心として中世ヨーロッパのほぼ全土で親しまれたアーサー王とその円卓騎士団の物語。アーサー王のモデルとなったとされる六世紀頃に実在したケルト人武将のアーサーは、侵入するサクソン人をしばしば撃退したと、八世紀の歴史家ネンニウスの『ブリトン史』に伝えられている。

＊5　オットー　九一二年生―九七三年没。ザクセン朝第二代のドイツ国王（在位九三六年―九七三年）、初代の神聖ローマ帝国皇帝（在位九六二年―九七三年）。オットー大帝と呼ばれる。

＊6　カトリック　オーソドックス教会、プロテスタント諸教会と区別して、ローマ教皇を頂点とするローマ・カトリック教会を指す。カトリックとは、「普遍的」「公同的」「一般的」を意味する。

＊7　オーソドックス　西方のカトリック教会に対する、東方のキリスト教会。「ギリシャ正教」あるいは単に「正教（オーソドックス）」ともいう。

＊8　プロテスタント　一六世紀のマルチン・ルターやジャン・カルバンなどの宗教改革の流れを汲《く》むキリスト教会。「プロテスタント」とは、一五二九年に神聖ローマ帝国皇帝カール五世のもとで開かれた帝国議会で、カトリック教会を支持する多数派の議決に反対するルターの改革運動を支持する少数派の議員たちが、帝国法に則って「抗議」を表明したことに由来する。

＊9　スルタン　カリフが授与した政治的有力支配者の称号。クルアーンにおいては、宗教的に重要な証示、または権威の意味として用いられ、非人格的なものだったが、のちに特定の地域を支配する個人（君主）の称号としても使われるようになった。

＊10　マフディー　「神意により正しく導かれたもの」を意味し、終末の世に現れ、真のイスラーム

共同体を築く救世主を意味するようになった。シーア派では一二代目イマームを指す。

＊11　ラビ・ユダヤ教　ラビとは元来「わが師」を意味し、トーラー（律法）に通じた指導者に対する尊称である。トーラー、タルムードなどのラビ文献を聖典とする。「ユダヤ教」と言う場合は、主としてラビ・ユダヤ教を指す場合が多い。

＊12　ジョン・ロック　一六三二年生―一七〇四年没。イギリスの経験論の哲学者、政治思想家。主著は『人間知性論』『統治二論（市民政府論）』『寛容についての手紙』など。政治思想としては社会契約説、抵抗権を主張し、自由な民主主義を説く。国民主権、権力分立、立法権の優位、抵抗権といった思想は、名誉革命を根拠付け、アメリカ独立宣言やフランス人権宣言にも影響を与える。

＊13　ジャン＝ジャック・ルソー　一七一二年生―一七七八年没。スイス出身の哲学者、啓蒙思想家。主著に『人間不平等起源論』『社会契約論』『エミール』などがある。自由を求める啓蒙思想を掲げフランス革命に影響を与えた。

＊14　スンナ派　預言者ムハンマドのスンナ（言行）に従う人びとの意。ムスリムの中で多数派を占める。伝統的な正統神学を持ち、ウンマ（イスラーム共同体）の団結を重んじる。

＊15　ディートリヒ・ボンヘッファー　一九〇六年生―一九四五年没。ドイツのルター派の牧師。ベルリン大学私講師、学生牧師、世界教会協議会役員などを歴任。一九三五年、反ナチの告白教会に参加、第二次世界大戦中は抵抗運動とヒトラー暗殺計画（七月二〇日事件）に加わり、一九四三年に逮捕。一九四五年四月九日に処刑される。戦後、『抵抗と信従』『倫理学』など遺稿が刊行されている。

＊16　サダト暗殺　世俗主義のエジプト政府を倒し、イスラーム国家を樹立することを目標として一九六〇年代から一九七〇年代にかけて設立されたジハード団による一九八一年のエジプト大統領サダト暗殺事件。ジハード団は政府高官などを主な対象として攻撃を繰り返している。

＊17　山本七平　一九二一年生―一九九一年没。評論家。山本書店店主。青山学院高等商業学部卒業。砲兵将校としてフィリピンで戦い捕虜となる。戦後、聖書学関係の出版に携わる。イザヤ・ベンダサン名義の『日本人とユダヤ人』は三〇〇万部のベストセラーに。日本文化と社会を解析する独自の論考は「山本学」と称された。

＊18　シーア派　「シーア」は党派を意味し、預言者ムハンマドの死後、彼の従弟であり娘ファーティマの夫でもあったアリーとその子孫を正統な後継者、指導者であるイマームとみなし、その権威の絶対性が強調された宗派。ホメイニ師を指導者として、一九七九年のイラン・イスラーム革命を成し遂げた十二イマーム派他、アラウィー派、ザイド派、イスマイール派などの分派がある。全ムスリムの八割がスンナ派で二割をシーア派が占める。

第三章　キリスト教徒はなぜ戦争がうまいのか

国王が暴力を独占する

橋爪　では次に、キリスト教徒はなぜ戦争がうまいのか、強いのかについて、持論を述べてもよいでしょうか。

中田　それはぜひ、お聞きしたいと思います。

橋爪　最初のほうでも触れましたが、大事な点なので、繰り返しておきます。

キリスト教徒は、戦争が強い。戦争が好きだから強いのか、強いから好きなのか、よくわかりませんが、昔から戦争ばっかりやってきたと言ってもよいのです。なぜそんなに戦争好きなのか。ネーション・ステートと戦争とは切っても切れない関係があるのですが、この起源を考えてみると、領土というものと深く関係します。

領土とは、国王が支配する地域という意味で、その前の、封建領主の領地とは違います。封建領主の場合、自分の領地は財産なので、相続されていきます。相続と言っても、かなり遠縁の親戚でも相続をすることがあって、領地の現状はしょっちゅう変わっていたわけです。住民にしてみると、今度はこういう領主になって、その次はこんな領主が相続したと、目まぐるしく変わっていく。イタリアの農地なのにオーストリアの領主だったり、スペインの領主だったり、ドイツの領主だったりする。このような状態では、国民としての意識など育ちようがありません。

そういう時期が長かったのですが、そのうち、国王が出てきた。領主をやっつけて、ある地方の全域を支配するようになります。そして、国王の所有地ではないが支配地だ、という考え方を採用した。そうして、いままでの領地とは違う、領土という考え方が定着してきた。領土は、排他的な支配権が及ぶ区域で、そこには国王が立法した法律が適用される。こういうものです。

当時、封建領主はみんな、自己武装していました。自力救済で、城があって、戦闘力があって、ある時は統治者のように、ある時は強盗のように行動する。多分イスラームもこんな感じかもしれませんが、ヨーロッパも似たようなものです。その封建領主たちを目のかたきにして、抜群の戦闘能力で彼らを武装解除させたのが、絶対王政の国王たちです。その結果、国王たちは、領土の中で暴力を独占します。それは直属の常備軍である、軍隊です。封建領主が武装解除したあとは、警察組織が、犯罪を取り締まる。警察は国土の治安、軍隊は戦争によって国土の防衛、と任務を分担する形で、警察と軍隊が暴力を独占する。その領土の中に国民がいる、という考え方は、今日に受け継がれているわけですね。数百年ほど前に、こういう形になった。

なぜこれが可能になったか。それは、ヨーロッパに、都市があったということと関係があります。

最初に都市が活発に活動したのは、イタリアです。イタリアは地中海を挟んでイスラーム教徒と接触していて、そのイスラーム教徒はさらにその裏側のインド周辺とつながりがあり、珍しいものがいっぱい手に入る。そこで、イタリアはそれを輸入してヨーロッパ中に売りさばく商売を始めた。それがうまく行ってイタリア人は、大変な富を築き上げた。その利益で大理石のごてごての建物をたくさんつくって繁栄を謳歌《おうか》していたわけですが、それをねたまれて、周囲のいろいろな国から攻め込まれる。攻めてくるフランスも、オーストリアも、どちらも手ごわい。さあ、イタリアは、どうやって強い敵に立ち向かったのか。

火薬革命が封建領主を一掃した

橋爪　イタリアはどうしたかというと、まず、都市を要塞化して防衛します。イタリアの都市は、都市国家なのです。でも規模が小さい。外国の国王が攻めてくるのを、撃退するのはなかなか大変です。そこで、火薬に目をつけました。イタリア人は、火薬革命を起こしました。

火薬は、中国人が発明し、アラビアに伝わった。アラビアではあまり使い道がなかった火薬を輸入して、イタリア人は、実用化しようと改良を重ねました。そして、数百年をかけて、ついに、大砲と鉄砲ができ上がりました。鉄砲は、人間に穴をあける機械です。相手が甲冑《かっちゅう》を着ていても、穴があいてしまう。封建領主の軍勢が馬に乗って甲冑を着て槍《やり》で戦うのに対して、イタリアは鉄砲で戦う。封建領主はこれまでの戦法が無意味になって、撃退されてしまいます。さらに鉄砲に加えて、大砲がものをいう。大砲は、要塞を破壊する機械です。封建領主たちが拠点にするのは要塞で、そこに立て籠もると、ちょっとやそっとでは攻め落とせなかったのが、大砲さえあれば、あっと言う間に城壁を破壊できます。これまでのような要塞は、時代遅れになった。

大砲と鉄砲は、イタリアの都市にとって不可欠のもので、火薬革命が生み出した兵器です。そこでたちまちヨーロッパに、この技術が広まっていきます。イタリアではじめ、都市の若者が兵士になって戦場に出ていました。でも、裕福な若者は戦争なんかしたくない。そこで、豊富な資金にものを言わせて、代わりにスイス人の傭兵を雇うことにしました。スイス人はなかなか戦争がうまくて、スイス人の傭兵隊は、イタリアだけではなくて、あちこちに出稼ぎするようになります。スペインで雇われて大暴れ。他の国でも雇われて稼ぎまくりました。

スイス人の傭兵隊の戦法はどういうものかと言うと、パイクという物《もの》干《ほ》し竿《ざお》のように長い槍を持って、マスケット銃を持つ兵士と組み合わせます。マスケット銃は、一発撃つと、弾込めに三分ぐらいかかります。その間、突っ立って、作業をしなければならない。三分あるので、敵の騎兵が襲ってきてやられてしまいます。そこで、弾込めをしている間、パイク兵がいがぐりのように槍を周囲に突き出し、騎兵の来襲を阻止します。そうすることで、火砲の威力を最大限に発揮する集団戦法を編み出しました。こういうプロの戦法に、伝統的な戦法で敵《かな》うはずがありません。

火薬革命は、戦争の主役を、封建勢力から市民に交代させます。封建勢力は、武芸を錬磨して軍事力を発揮しました。それに対して火砲は、製造が複雑なのに比べて操作は簡単で、誰でも使いこなせます。資金が豊富で、傭兵を大勢雇えるならば、戦場を支配できるのです。

戦争、戦争、また戦争

橋爪　戦闘技術がこのように向上したのは、強大な軍事力に対する強いニーズが、キリスト教徒にあったからです。こうして、大規模な社会変動が起こります。封建領主が力を失っていくと、国王の統治する領土のなかでの交通や交易が盛んになります。関所を廃止するのも、大切です。ドイツのライン河は国際河川で、船で移動するとすぐ隣の国に入ってしまいます。交通路にいちいち関所があると、交易が停滞します。ドイツは統一が遅れたので、一九世紀になっても関所が残っていました。国王が領土を統一すると、関所がなくなるので、経済は活性化します。そして、国王の法律が、領土のなかに行きわたるようになります。

さて、キリスト教圏の国王は強大な軍事力を擁し、経済的にも豊かになりました。隣国の国王も同じように軍事力を持ち、国益増大を図ろうとしています。両国の国益が衝突します。すると、戦争になります。という具合に、傭兵の常備軍同士の激突が、しょっちゅう起こってきます。なかでも、プロイセンのフリードリッヒ大王[*1]は戦争の達人で、ヨーロッパに勇名を馳《は》せました。

戦争を通じて、武器も戦術も、進歩していきます。イスラーム世界では、オスマン・トルコもけっこう強かったのに、いつの間にか差がついて、ヨーロッパの軍事力には歯が立たなくなってしまいます。そうなるとキリスト教の側はオスマン・トルコをいじめて、だんだん各地を侵略していくようになります。ナポレオン[*2]もエジプトまで遠征していますが、ほとんど負けなしです。

ここで戦争における常備軍の話をしましょう。

ヨーロッパでは絶対王政が、国民国家へ移行していきました。そのきっかけが、フランス革命です。絶対王政の国王ルイ一六世を断頭台に送り、革命派は旧体制を打破して、いきなり国民国家を作ってしまいます。フランス共和国の誕生です。周辺の諸国は当然警戒し、こんな危険思想を輸出されたら大変だと、フランスに攻め入ります。これが干渉戦争です。

そこでフランス共和国はどうしたか。まずフランス国内にあったカトリック教会や修道院の領地を没収し、それを抵当に、資金を集めました。そして、軍服や鉄砲を用意して、フランスの失業青年五〇万人を徴兵して、にわか仕立てのフランス共和国軍をつくった。それまで各国の常備軍は、だいたい五万人規模だったから、普通に戦えば勝てます。だから勝てた。その兵力を、軍略に長《た》けたナポレオンが率いれば、連戦連勝です。イタリアを攻め、スペインを攻め、ドイツに攻め入って、徹底的に敵軍を圧倒した。「自由・平等・博愛」の理念を掲げ、相手がその理念を認めるまで容赦なく戦う。ナポレオンを戴くフランス共和国は、その普遍的価値によって、ヨーロッパが統一されるべきだと考えました。まさにイデオロギー戦争です。いままでの戦争の常識に反しています。

フランスがそうしたルール違反の戦争を始めると、各国もこれに対応するために徴兵制を採用するようになります。いままで五万人で貴族が傭兵を指揮していたのをやめ、どの国も徴兵制になった。ロシアは一〇〇万人を集めた。そうして、総力戦の時代が始まります。

とは言え、この時代の会戦は、だいたい一日で決着がつきました。長くても、数日間。戦争には巨大なコストがかかるので、そういう戦い方をしたのです。

ところが二〇世紀に入ると、本当の総力戦が始まります。

死屍累々《ししるいるい》、二〇世紀は総力戦の時代

橋爪　まず、第一次世界大戦。すぐ終わると思って始めた戦争でしたが、まる四年も続きました。大量に兵士が送られる前線では死屍累々。戦車、飛行機、潜水艦、毒ガスなど新しい武器の開発が戦争の形態を一変させ、この戦争の死者は一〇〇〇万人にものぼります。
ヨーロッパの国々は、疲弊します。戦争目的もはっきりしなかったので、科学技術の進歩に対する楽観論が吹き飛び、文明に対する深刻な懐疑が生まれます。
キリスト教徒だからこうなるのです。複数の主権国家が競い合い、社会変革、技術革新と結びついた強大な軍事力が、ナショナリズムをともなって、戦争の規模を拡大させていった。イスラーム教徒には、ここまでひどい戦争をする動機がそもそもありません。
中田　総力戦の発想自体が、先ほどの国民国家や代表であるとか、ナショナリズムに非常に大きく結びついているので、イスラームの場合はそういう発想は出てこないですね。ただ、日本人にはキリスト教がここまで戦争好きであるというイメージはぴんと来ないかもしれません。とくに日本の場合、キリスト教は弾圧されこそすれ、非常に平和的な宗教だととらえている人は多いと思います。キリスト教は最初カルトから始まるので、少人数の宗教集団であるカルトは戦争を行なう力はないし、もともとは平和主義的な宗教だったと思います。

しかし、アメリカのキリスト教を見ると、湾岸戦争にしろ、イラク侵攻にしろ、非常に好戦的だなと感じます。アメリカのキリスト教は何でこんなに好戦的なのか、そこは橋爪先生が現在ボストンと東京を往復される生活をされているのでぜひお聞きしたいと思います。いま先生が説明してくださったように、歴史的に見て近代以降はヨーロッパのキリスト教が非常に好戦的になることと親和性があるような気はします。私から見ると、戦争に何の疑問も持っていないように見える。一部にはアーミッシュ[*3]とか、絶対平和主義をとる人びともいますが、いまアメリカは、中東においても、東アジアにおいても、戦争を主導するようなこともあり得ると思います。その辺の、キリスト教固有の神学と政治の関係、とくにアメリカと、いまおっしゃった第一次世界大戦の時のヨーロッパとの関係を、どういうふうに先生はお考えになられるでしょうか。

分離主義で絶対平和を守るアーミッシュ

橋爪　アーミッシュの話が出ました。アーミッシュは、信仰を守るのに、世俗の社会と交流を断ちます。世俗のアメリカ社会は信仰の立場から見て汚れていると考えて、そんな人びとと一緒に暮らすより、自分たちだけで暮らしましょうという分離主義をとっています。分離するとなると、すべての接続を断ち切らなきゃいけないので、電気は汚れた社会からやってくるエネルギー源だから、電気は使わない。電話もない、インターネットもいけない、という生活になるわけですね。

アーミッシュ村に行きましたが、いろいろ不思議なことがあった。薪はいいのかと聞くと、薪はいい。石炭もいいらしい。しかし石油はダメで、自動車はダメなのですね。けれども馬車はいい。石油も石炭も化石燃料で似ているのに、なぜ石油がダメなのだろう。石炭は薪のようなものだが、石油は遠くから運ばれてくるからでしょうか。ガスはよくて、ガス冷蔵庫がありました。ガスはボンベで運ぶので、石炭や薪のようなものなのか。理屈はあるのでしょうが、わかったようでわかりません。

ところが、ふとみると、案内所のデスクで、パソコンのキーを叩《たた》いている。えーっ、パソコンはいいのですか。聞いたら答えは、インターネットに接続していないからいいのです。でもパソコンは、どう考えても電気で動くと思うのですけれどもね。

アーミッシュの他に、メノナイト[*4]（メノー派）も、分離主義の宗派として有名です。メノナイトには、アーミッシュのようにまとまって住んでいる人びともいれば、町中に孤立して住んでいる「ひとりメノナイト」もいるそうです。心は、汚れた世俗社会と分離しているのでしょう。

クエーカー[*5]教徒は、まとまって住みませんが、世俗の社会と距離を置く原則を守っています。公務員になりません。兵役にもつきません。人間の生命は神が造ったもので、人間が奪うことは許されない。そういう過ちを犯さないようにという、良心的兵役拒否です。アメリカで始まったプロテスタントの一派であるアドベンチスト教会[*6]も、良心的兵役拒否を認められています。キリスト教のロジックを突き詰めると、暴力否定になっておかしくありません。

けれども、大部分のキリスト教徒は、そう考えず、合法的な政権が命じたのであれば、戦場に出かけます。兵役は神の与えた任務であると考えて、従軍チャプレンの牧師さんなどが、しっかり戦いなさいと説教するために、戦争について行きます。チャプレンは、教会でない場所で、礼拝を担当する牧師や神父です。

イスラームはどうなっているのかよくわかりませんが、まず良心的兵役拒否に当たる法学派があるかどうか。

中田　ないですね。

橋爪　従軍チャプレンに当たるような制度はどうですか。

中田　とくに従軍チャプレンというのはありません。ないというより、万人祭司主義のイスラームには基本的にチャプレン制度自体がないのです。私の研究しているイブン・タイミーヤは、実際に戦闘に参加しています。ただ、それは従軍チャプレンという形ではなくて、イスラーム教徒の成人男性の義務として参加しているだけです。ただし、現在のムスリム世界の政治はイスラームの教えに反したことばかりですので、従軍チャプレンならぬ従軍イマームのようなものもいます。

イスラームには正しい戦争という考え方があるので、正しい戦争以外の戦争に参加することは正しくないということになる。ですから、本来良心的な兵役拒否というのもないわけです。もしあるとすれば、正統な政府ではない時。その政府が起こした戦闘に参加しないという選択はあり得ます。しかし、本来のイスラームのジハードであれば、参加しなければいけないというのは当然ですね。

橋爪　では、そもそも戦争を拒否する、という態度はムスリムとしてはあり得ない？

中田　それが正当な戦争、ジハードである以上、あり得ないですね。

橋爪　キリスト教だとそれはあり得る。政府が命じたら、それは義務だと普通のクリスチャンは思う。クエーカーの場合も、戦争には参加しませんが、税金は払うわけです。税金を払えば、それは軍事費にも使われるでしょう。だったら、税金も払わないというやり方までいけば徹底するのでしょうが、そうするとビジネスはできないし、この社会で生きていけなくなってしまいます。結局キリスト教徒は、何らかの形で戦争に加担することにはなるのです。

国家には交戦権がある

中田　いまのヨーロッパ事情を見ていると、どこまでが信仰なのか、文化なのかわからなくなります。イスラームの国と戦う構造はわかりやすいのですが、先ほどの第一次世界大戦でも、イスラーム教徒が相手ではなく、キリスト教徒同士、とくに宗教戦争以降はプロテスタント同士で戦っている。その辺はどうなのでしょう。キリスト教徒で殺し合うことにまったく何の疑問も持たないのですか。

橋爪　まずルターの宗教改革の後、宗教戦争がありましたね。一六世紀中頃から一七世紀にかけて、ヨーロッパの各地で勃発した、プロテスタントとカトリックの政治的な対立抗争による一連の戦争です。フランスのユグノー戦争（一五六二年―一五九八年）やオランダ独立戦争（一五六八年―一六四八年）、スペインの無敵艦隊とイギリス海軍の戦い（アルマダの海戦、一五八八年）、初期の三十年戦争（一六一八年―一六四八年）などが有名です。しかし、一六四八年にウエストファリア条約[*7]で平和が確立したはずなのです。宗教上の理由で戦争することは禁止で違法ということになりました。

では、どういう理由で戦争するかと言えば、国益という、国王の都合で戦争するわけです。主権国家は交戦権を持っているので、戦争するのは合法である。これは、国際法の確立したルールでした。ならば、自由に戦争ができる。戦争は、国家主権の発動なのだから、合法である。一九二八年にパリ不戦条約が結ばれるまで、キリスト教世界ではずっとこのような考えでした。そうすると、一八九四年の日清戦争、一九〇四年の日露戦争は、パリ不戦条約より前なので合法ということになります。不戦条約には日本も加盟しているので、その後、一九三七年に支那事変（日中戦争）があり、一九四一年に大東亜戦争がありましたが、それらは不法な戦争であると糾弾されたわけです。一九二八年に世界のルールが変わったのです。

日本人は、そうした世界のルールに対する意識がとても希薄だった。戦争そのものはそれまで合法だったけれど、国際条約によって禁止されたら、それは不法になる。これもまたキリスト教世界の考え方ではあるのですが、日本人にはそれに従おうという意識が乏しかったと思います。そもそも、支那事変などと称して、戦争ではないと言っているのですが、姑息《こそく》な考えです。戦争じゃなければ、パリ不戦条約に違反していない、という理屈なのか。

中田　いま、低強度戦争というような戦争の形も出てきていますね。直接的な軍事介入をするのではなくて、ある特定の地域を経済的・政治的に破綻させるために、株価操作をしたり、外交介入をしたりして、じわじわと時間をかけて包囲していく緩い戦争の形らしい。そうなると、何が戦争なのか、またわからなくなってきます。古典的な戦争、総力戦などがなくなってしまって、しかも主体さえ、国家ではない、非国家主体が戦争に行っている。とくにイスラーム国などはその典型ですが、似たような非国家主体があちこちに出てきている。そういう時代になってきて、いまもまた変革期にあると思うのですが、西欧のほうからのイニシアティブとして、どういうものがこれから出てくると先生はお考えですか。

橋爪　アメリカの経験はこうだと思います。日本を相手にした太平洋戦争は、日本がだまし討ちでハワイを先制攻撃したので、開戦理由がはっきりしていて、アメリカの戦争に向けての意思一致は固かった。

次に、朝鮮戦争（一九五〇年―一九五三年）。これは冷戦時代だったので、共産主義の侵入を食いとめなければならないというコンセンサスがあり、国連軍として出ていったわけなので、これも正当性が高い。

しかし、ベトナム戦争（一九六〇年―一九七五年）の場合、正当性がどうなっているのか、よくわかりません。ベトナムは南北に分断され、旧宗主国フランスが去ったあと、南ベトナムはアメリカの強力な支援を受けてベトナム共和国を樹立した。しかし、民族解放戦線がゲリラ戦を展開し、北ベトナムがそれを支援した。アメリカは、共産主義の侵入を食い止めようと、トンキン湾でアメリカの艦船が北に攻撃されたとして、北ベトナムを爆撃しました。これが、泥沼の戦争の始まりです。

北ベトナム正規軍が民間人の服を着て、ベトナムコミュニスト（ベトコン）になって神出鬼没で攻撃してくる。しかも戦う場所はジャングルの中。地上戦でアメリカ軍はベトコンに悩まされ、消耗戦を強いられた。アメリカ軍は、空爆はもちろん、ベトコンの潜んでいそうな村を焼き払ったり、枯葉剤をまいたり、国際法そっちのけで戦いました。多いときは五〇万人もの若者が駆り出され、大きな犠牲が出ています。もちろん、ベトナム側の犠牲者も数えきれません。

徴兵制はどれだけ公平か

橋爪　さてベトナム戦争当時、アメリカは徴兵制でした。ベトナム戦争は正規の宣戦布告なしに始まっています。戦争の手続きを踏まないのに、大統領の命令で戦場に行かなければなりません。大義なきこの戦争に従軍すべきかどうか、若者はみんな悩みました。徴兵逃れで、カナダに逃げた若者もいた。そのままいまも帰国できずにカナダにいる人もいるはずです。日本で脱走した数人のアメリカ兵を、べ平連（反戦市民団体）がソ連に逃がしたということもあった。ともかくこの時代には、徴兵逃れがたくさんあったのです。

ベトナム戦争の実態が明らかになるにつれ、アメリカでは大規模な反戦運動が広がっていきます。徴兵されなくても、ヒッピーになって、愛と平和のスローガンを掲げてフラワームーブメント[*8]を起こす。各地で反戦デモも広がります。私もその時代を経験しているので、気持ちはわかります。

クエーカーの集会所を見学した時に、案内してくれたおじさんは、徴兵を拒否して三年間刑務所に入っていたそうです。そのあとクエーカーに改宗した。徴兵逃れのにわかクエーカーとは違うのですね。クエーカーは、良心的兵役拒否を認められているが、そのおじさんは筋を通しているのです。

中田　ボクサーのモハメド・アリ[*9]がそうですよね。ベトナム戦争に反対し、良心的兵役拒否をして、法廷で自分の信念のために戦って、その結果ボクシングのライセンスを剝奪されてしまった。彼はイスラーム教徒です。

橋爪　徴兵を拒否するのは、アメリカのルールの根幹に抵触するから、とても大きな問題なのですね。アメリカはいまは、徴兵制ではありません。

徴兵制と志願制について言えば、どの国もその間で振れています。まずフランス共和国は、最初は徴兵制でした。フランス共和国の理念に共鳴する若者は戦争に行く義務がある。ヨーロッパの封建的な政権を打ち倒すための、正しい戦争だという大義名分を掲げていました。ナポレオンの時代が終わると、軍縮されますが、徴兵制は維持されていた。でも特例ができて、お金を払うと徴兵に行かなくていいということになった。資産家階級の息子たちは、みんな、お金を払って戦争に行かず、それが払えない貧乏人が戦争に行くという、大変な不公平が起こった。

それで、志願制になるわけですが、やはり欠陥があります。軍人を志願するのは、失業したり、所得が低かったりする階層の人びとが中心。戦場に行くというリスクの高い任務を特定の階層の人びとに押しつける結果になるのですね。アメリカ軍もいま、志願制ですが、不公平のかたまりで、都市の失業者や、マイノリティ層といった人びとばかりが志願している。学費が負担で大学進学が難しい場合、軍隊に志願して、勤務が終わると、進学で優遇されるという制度があります。そこで志願すると、イラク戦争が始まって、戦火をくぐるはめになる。高校卒業の時点で、運命が分かれるのです。こういう若者の犠牲によって、日本の安全は守られている。

こういう話を聞くと、徴兵制はまだしも公平だなあと考えてしまいます。日本では、徴兵制を悪の権化のように言う人が多いのですが、志願制は徴兵制よりもっと悪い面がある。

中田 徴兵制のほうが戦争に反対する人間は増えるでしょうね。

橋爪 そうです。徴兵制だと自分の子供が徴兵されるかもしれないと親が思うから、慎重に選挙をして、戦争に対する抑止力になるということですね。志願制のほうが戦争になりやすいとも言えます。

日本の自衛隊は、志願制なのです。いま述べたのと同じ問題があって、就職の機会の少ない地方の、二、三男みたいな人が自衛官になりやすい。普通に就職できる都会の人びとはあまり自衛官になりません。この問題はみんな、見て見ぬふりです。志願制の日本は、戦争を選択しやすい傾向があることを、自覚しておかないといけません。

＊1　フリードリッヒ大王　一七一二年生―一七八六年没。プロイセン国王（在位一七四〇年―一七八六年）。フランス啓蒙思想に強い影響を受けた、啓蒙絶対主義を代表する名君として知られ、「大王」と呼ばれる。ボルテールの協力を得て刊行された『反マキャベッリ論』の「君主は人民の第一の下僕」は、啓蒙絶対主義の理念を示す言葉として有名に。即位後は戦争に次ぐ戦争で、二度にわたるシュレージエン戦争、オーストリア主導のフランス、ロシアらのプロイセン包囲網との戦いを制した。

＊2　ナポレオン　一七六九年生―一八二一年没。フランスの軍人、皇帝（在位一八〇四年―一八一四年、一八一五年）。コルシカ島出身。砲兵将校としてフランス革命に参加。イタリア派遣軍司令官として勝利を獲得、一七九九年のクーデターで権力を握り、一八〇四年に自ら皇帝となる。ナポレオン戦争でヨーロッパを征服するが、対イギリス封鎖、ロシア遠征に失敗。一八一四年退位しエルバ島に流刑となるが翌年帰国、皇帝に復したものの、ワーテルローの戦いで敗北し、セントヘレナ島に流されてそこで没した。ナポレオン法典の編纂《へんさん》、教育制度の設立など、法律や制度の近代化に功績を残す。

＊3　アーミッシュ　一六世紀のオランダ、スイスのアナバプティスト（再洗礼派）の流れを汲むプ

ロテスタントの一派メノナイトから、一六三九年に分裂した一派。指導者ヤコブ・アマンの名にちなみアーミッシュと呼ばれる。イエスやアマンの時代の生活を実践しようとする復古主義が特徴。

＊4　メノナイト（メノー派）　一六世紀のオランダ、スイスのアナバプティスト（再洗礼派）の流れを汲むプロテスタントの一派。メノー・シモンズの信奉者に対する名称で、メノー派あるいはメノー派とも呼ばれる。暴力を否定する平和主義が特徴。信者の自由意志に基づく再洗礼を基本とした純粋な教会の建設を企図し、平和主義に基づいた兵役拒否のため迫害され、それを逃れて最初にアメリカで永久的定住が始まったのは、一六八三年、ペンシルベニアのジャーマンタウンから。

＊5　クエーカー　一七世紀のイギリスの急進的ピューリタンの神秘主義が源流にあるプロテスタントの一派。別名フレンド派。信者たちが、自己の信仰を肉体の震動（クエーク）や異言によって表現したため、「震える者」というこの名称で呼ばれる。

＊6　アドベンチスト教会　イエス・キリストの再臨が急迫していると信じるプロテスタントの諸教派。「再臨派」とも呼ばれる。キリスト再臨の教えは、社会の進展や改善ではなく、神の直接の干渉、宇宙の大激変であらわされるという。再臨の教義自体はキリスト教成立時以来の古い歴史を持つが、教派としてのアドベンチスト派は、ニューヨークでウィリアム・ミラーがキリスト再臨の迫っていることを宣言した一八三一年から始まる。再臨の日は一八四四年一〇月二二日とされたが何事も起こらなかったことから、セカンド・アドベント・クリスチャンズ、セブンスデー・アドベンチストなど分派を生んだ。

＊7　ウエストファリア条約　一六四八年フランス、スウェーデン、ドイツの諸国間で結ばれ三十年

戦争を終結させた講和条約。国際条約の最初といわれる。各宗派の共存と、住民は君主の信じる宗派の信徒たるべきことが定められた。

＊8　フラワームーブメント　一九六〇年代後半にサンフランシスコを中心に起こった「LOVE & PEACE」などをスローガンとする思想や動き。そのムーブメントに共鳴する若者をフラワーチルドレンと呼んだ。ベトナム反戦運動にも影響を与え、東洋思想やニューエイジ系の思想に傾倒するヒッピーや、サイケデリック文化を生んだ。

＊9　モハメド・アリ　一九四二年生―二〇一六年没。アメリカの伝説的なプロボクサー。本名はカシアス・クレイ。ベトナム戦争中の一九六七年、徴兵拒否でタイトルを剥奪されたものの、ヘビー級王座につくこと三回。ネーション・オブ・イスラームを経てスンナ派のムスリムとなる。

第四章　ヨーロッパのシステムは普遍的なのか

普遍主義を名乗るナショナリズム

中田　これまで橋爪先生と国民国家の概念やイスラームの立場をお話ししてきましたが、いまのシリアやイラクが抱える問題を見ていると、どうしても私はネーションというものの抱える矛盾を考えざるを得ません。これは私がいつも言っていることですが、国民国家というものを打ち立てたフランス革命自体が、ふたつの矛盾するベクトルを持っているわけです。

一方で人類はひとつであって、自由・平等のもとにひとつにしていくのだという普遍主義を啓蒙するベクトルと、それぞれのネーションが主権を持つというベクトル。このふたつは、はっきり矛盾するものだと私は思っています。フランスは、ナポレオン戦争で、その矛盾するふたつのものを一緒に輸出して、普遍主義の理念とナショナリズムを掲げつつ、世界を征服しようとしました。その試みは結局失敗しますが、各国がネーションの概念に目覚めて独立国家をつくっていくという動きになっていく。それはすんなりいったわけではなく、帝国が解体していく中での確執もあり、イタリアもドイツも、統一国家をつくるまでには結構もめたわけです。

とくに東欧及びイスラーム圏においてはネーション・ステートの成立というのは非常に難しかった。そもそも多民族が複雑に、しかも入れ子構造になっているので、どこを独立させても、その中にまた別のネーションがあるという問題が生じてきてしまう。いままでそうした問題をとりあえず抑えてきたわけです。それが噴出してきているのがいまのシリア、イラク、あの辺のところではないかと私は思っているのですが、いかがでしょう。

橋爪　まさにそのとおりですね。いまのお話は、フランス革命を機に、ヨーロッパがネーション・ステートをつくり始めたのだが、東ヨーロッパも中東のイスラーム世界もそれに対応できず、元帝国だったところが苦労している、という流れですね。もう少し言えば、ネーション・ステートがノーマルで、ネーション・ステートがつくれないのはノーマルではない。こういうものの見方をしているように聞こえます。

中田　そうですね。

橋爪　でもこれは、ものの半面だと思います。もう半面は、ネーション・ステート自体がそもそも奇妙なもので、特別な歴史的条件があってようやくでき上がったものである、ということです。そもそも奇妙なネーション・ステートが、どういう条件で国際社会の標準形になっているのかというところによく注意しないと、イスラームのほうがアブノーマルだととらえるしかなくなる。それは慎重にしたほうがいい、と私は思います。

フランス共和国の話が出ました。フランス共和国は確かに、普遍主義の側面と、フランスローカルな特殊な側面と、両方があります。それはなぜか。フランス共和国は、アンシャンレジーム（旧体制）を打倒したのです。アンシャンレジームとは何かというと、ブルボン王朝のフランス王国、フランスを領土とする主権国家です。これがまずあり、その主権を市民が乗っ取るという形で、共和国が完成した。フランス革命が可能であるためには、フランス国王の絶対王政がなければいけなかった。フランスの絶対王政は、どういう原理でできているかというと、

（1）世俗の王権である。

（2）フランスローカルである。

（3）国王が主権を持っている。

の三つが、欠かせません。

主権とは何かというと、統治権、立法権、裁判権、軍事指揮権、徴税権などを持っていること。また、主権を確立させるためには、国内に他に統治権を持つ武装勢力が存在してはならない、という前提がある。統治権を持つ武装勢力とは、貴族のことです。ですから、フランス国王は、抵抗する貴族をことごとく打倒して、王権を確立した。フロンドの乱（一六四八年―一六五三年）は、フランスにおける最後の貴族の反乱でしたが、反対勢力は一掃され、これが絶対王政の確立につながったわけです。

その後、おとなしくなった貴族をパリに呼び集めて宮廷に仕えさせ、貴族は王権のお飾りのような存在となります。これは日本の、参勤交代とか、城下町に武士が集住する兵農分離とかと、多少似ていますが、王宮に集められた貴族たちは、官僚になるかもしれないが、領地の統治権は奪われています。こうして、旧体制の主権国家ができ上がりました。

フランス革命は、その主権を奪い取ったのです。

さて、この主権国家も、ふたつの側面を持っています。ひとつはフランスローカル的な側面。フランス語は、ローマ人の征服によって、定着したラテン語が土着の言語と混ざってできた言語で、言ってみれば、素性の知れない変な言葉ですよ。それをあたかも上品な言葉であるかのように宣伝して、ヨーロッパ中の宮廷の共通語にして使わせようとした。いまでも高級レストランでフランス語が幅を利かしているのは、その名残りです。

もうひとつ、主権とは何かというと、実は神の権利なのです。

中田　ああ、なるほど。

橋爪　神は、統治権や、立法権や軍事指揮権や、あらゆる権限を持っているわけです。それに匹敵するものがない、唯一の権力の源泉です。そういう力は、本来は神の権限で、イエスが持っているべきだと、キリスト教の教会は考えます。

イエスの代理人だという、カトリック教会があります。フランス国王は、カトリック教会に献金なんかしない、自分が集めた税金は自分のために使うと言って、カトリック教会と対立します。フランスの人びとがそれでいいと思うのは、それがフランスの人びとの福祉になるからです。国王の統治に対する、フランス人のコンセンサスがある。ただ、カトリック教会からは税金が取れなかった。

カトリックは普遍主義ですね。

中田　そうですね。

橋爪　カトリックが普遍主義だとすると、対抗普遍主義を名乗らないと、対抗できません。キリスト教会でも信仰でもなく、どういう原理で対抗するかといえば、人間理性しかない。人間の理性は、神が与えてくれたものだから、教会に文句は言わせない。自分たちは自由に哲学をやる。自由に数学をやり、自然を観察し、商業をやり、産業を興して、人間として楽しく暮らしていくのだ、何が悪い、という理念で対抗しました。この点で、市民階級の協力や支持があるので、フランスの王権は維持されているのです。

これは啓蒙思想です。啓蒙思想は、世俗的で普遍的なのです。それがフランスローカルに実現して、ヨーロッパのひな型になったのだと思います。

主権を代行するのが「植民地」

中田　まったくおっしゃるとおりだと思います。フランス革命によって輸出された啓蒙思想には、やはりそうしたふたつの対抗する概念があるということですね。それは市民が支えるネーションの根幹とも深く関わってくる。そのヨーロッパのひな型が世界に広まっていくわけですね。

そこで、植民地のことをお話ししたいと思います。その西洋型の普遍主義は、まずアジア・アフリカの非キリスト教徒の地の植民地化に向かいます。オスマン帝国は比較的それに抗《あらが》ったほうですが、それでも取られていく。それ以外のところは、中国ですら半植民地化されますし、他の大きな文明を持っていなかったところはほぼ奴隷化されるという状況になっていく。

しかし、理念としては、普遍主義で、人間は理性があって平等だという立場です。その立場にいながら他者の土地を植民地化しようとすると、逆にこの立場は非常に恐ろしいことになります。不平等な植民地にいる人びとはすべて人間ではないということになってしまうからです。

人間であれば平等なはずですが、実際には宗主国が権限を持ってその支配下にある。となると不平等な扱いを受けるのは、人間ではない、と言わざるを得なくなるわけです。その時に、宗主国側は「未開」という言葉を使って正当化したわけです。まだ人間になっていない「未開人」であるから我々が啓蒙し、いわば人間未満の子供扱いして文化を与えて教育を施そうという理屈です。すべての人間は平等だと言いつつ、植民地では現地の人間を未開人として扱い、ほとんど人間と認めていない。それが西洋型の普遍主義であり、現在に至っています。人間は平等と言いつつ、自分の価値観に合わない人間を、非人間化し、抹殺しようとするのです。

橋爪　フランス共和国がイスラームにどういう態度をとるか、あるいは、ヨーロッパの人びとがイスラームにどういう態度をとるか。これには、啓蒙主義が絡んでいるとも言えます。

啓蒙主義にはまず、人間という概念があります。人間はすべて、人間です。次に、理性という概念があります。理性も、すべての人間にインストールされているプログラムみたいなものです。

ならば、どうして、人間に違いが生じるのか。それは、理性を実際に運用する能力に差があるからです。啓蒙が行き届いて、理性の光が行き届き、十分に市民社会が発達しているかどうか。発達した市民社会は、政府を組織して、めいめいの主権国家を持つことができます。

この体制の根拠は、ウエストファリア条約にさかのぼります。カトリックとプロテスタントがいる。どちらも対等の、キリスト教の信仰を持っていて、優劣はない。でも、一緒に共存できない。そこで、カトリックの人びとはカトリックの君主のもとで政府を組織する。プロテスタントの人びとはプロテスタントの君主のもとで政府を組織する。キリスト教徒であって未開であるという人びとは、存在しないのです。キリスト教徒なら、カトリックの国になるかプロテスタントの国になるか、どちらかです。

ここで、イスラームが抜けています。イスラームの人びとは、どこにいるのでしょう。カトリックでもプロテスタントでもないので、それ以下、ということになる。キリスト教徒に言わせれば、イスラームなど捨てて、啓蒙精神に目覚めなさい。アラビア語など捨てて、フランス語や英語、ドイツ語を学んで、西欧的な思想や文化を十分理解して、政府を組織するなら認めてあげよう。そうでない限り、政治的能力がないとみなしますよ。

政治的能力がないとは、どういうことかといえば、まず、人権の観念がない。主権は、アッラー[*1]にのみ属するというのだから、主権の観念もない。つまり、フランス共和国の前提になるような概念を、認めていないということになります。じゃあ、ほっておいたら独裁国家になるかもしれない。こんなものは、当然、政治的能力があるとは認めない。

では、どうするか？　主権がないのならば、フランスがその主権を代行してあげよう、という考え方になります。さもないと、人民が気の毒だから。そこで、イスラームの人民は、自分たちの政府が持てず、宗主国が主権を代行する。それが植民地です。

植民地は、宗主国に統治されつつ、独立を待つ状態です。でも、いつ独立できるのか、わからない。しかも植民地には、領域と境界があります。国境に準じるものができてしまいます。これが、イスラームとしては、大変に困るものなのだけれど、その線引きがヨーロッパから押しつけられてしまうのです。

イスラームから言えば、こんな扱いを受けるいわれはどこにもないでしょう。武力があるなら当然、反抗する。でも、オスマン・トルコでも反抗は成功せず、制圧されてしまった。反抗できなければどうなるかと言うと、面従腹背するしかない。こうしてイスラームには深い悲しみと不信と恨みが残っていくわけですね。

中田　ヨーロッパの植民地化に関しては、非常に勝手な理屈の押しつけだったと思います。いま、トルコが非常に存在感を高めていて、新オスマン主義という言葉も出てきています。それに対してサウジアラビアもシリアもエジプトも警戒心を強めているという状況がある。後でお話ししますが、トルコがやろうとしているのは、私はカリフ制再興だと思っています。ヨーロッパ側に、オスマン帝国だってアラブやバルカンの国々を植民地化していただろうと言われ、トルコは、全然違う、もしそうなら、現在のアルジェリアでフランス語が話されているように、おまえたちはいまごろトルコ語をしゃべっているだろう、と答えています。

先ほど先生がおっしゃられたように、フランス語は文明の言語であって、それをしゃべるのが当然であるという考え方を押しつけるのが、ヨーロッパ型、西洋型の植民地主義です。けれども、イスラームの場合はまったく違う原理でできていますので、その原理に基づくオスマン帝国も、そういうことはしないわけです。アラブ地区ではアラビア語をしゃべっているのと同じように、他の地区ではその土地の言語が使われている。オスマン朝には五〇〇年ぐらいの歴史があって、時代によっても違いますが、クリスチャンであるギリシャ人も深く行政にかかわっていた時代もあります。そういう場合でも、キリスト教徒には行政能力がないなどといった考え方はまったくないわけです。人種的なことにおいても、あるいは宗教においても、差別はない。そこのところがまったく違う考え方ですので、イスラームにナショナリズムを持ってきても当然うまく行かないと思います。

イスラームは血縁を増幅する

橋爪　イスラームがなぜ共和国を作れないのか。これはブルボン王朝とフランス共和国の違いを考えると、見えてくるかもしれない。

この違いはいくつかあるけれど、そのひとつに、血縁をどう考えるかということがあると思う。ブルボン王朝の場合、国王は、血統に基づいてポストにつくわけなので、選挙で選んだりはしません。王様の子供が皇太子で、次の王様になる。王朝での血統は正統性の根拠になるので、国家理念の中核にあるわけです。

さて、その王様の首をちょん切って共和国になってしまった場合、世襲は否定的な概念になり、あってはいけないことになる。ナポレオンに続いて、ナポレオン二世やら、ナポレオン三世（ナポレオンの甥《おい》）やらが出てきて、そこは屈折した経過もあるのですが、いずれにせよ、フランスは血統から離れて、選挙で選ぶという考え方になっていきます。王朝に比べると、このほうが近代的と言えます。

イスラームには、法人の考え方がないということをさきに話しました。法人の考え方がないと、人間と人間が結束する論理としては、ムスリムとして抽象的に連帯するしかない。でも、ムスリムの連帯は全員参加なので、実は、意味ある集団をつくることができないのです。意味ある集団をつくれるのは、血縁です。血縁は、聖書やクルアーンの中にあって、神が認めている関係です。法人が禁止されているので、血縁を重視する、部族社会になるしかない。そういう意味で、イスラーム世界は、血縁の要素をことさら増幅していると思います。現代になっても、異様に部族的なあり方が続いています。それ以外に、人間と人間のつながりを正当化する論理がないからです。フランスやイギリスでは、国王や貴族には血統が重要ですが、市民の間では、財産の相続以外、血縁はあまり意味を持ちません。でも、イスラームの場合、隅々まで血縁が行き届いていて、一般民衆もどの部族に属しているかを常に意識しつつ生きていくわけです。

こういう社会は、共和国になれません。というのは、相手が血縁か血縁でないかによって行動様式が変わってくるので、まったく血縁関係のない有能な誰かに、自分の権限を投票によって委任しよう、という考え方にならないのです。ここがフランス共和国とイスラームとのもうひとつの違いだろうと思います。

中田　そうですね。血縁は、法的にも、結構強い。中東はだいたいイランくらいまで、イスラームの原理が人びとの中核になっています。インドになると別の原理が入ってきてちょっと違ってきますが、それでも遊牧民などはもともと父系社会で、集団的には部族社会になっています。

古代の血族団体、氏族には有名な「血讐《けつしゅう》」という掟《おきて》がありました。自分の部族の人間が殺されると、相手の部族の人間を殺し返すという血の復讐ですね。イスラーム以前の部族社会の原理ですと、国家がないわけなので、犯罪が起きたらバランスを戻すという原理に従うわけです。ある部族集団とある部族集団のうちの一人の人間が一人を殺したとすると、バランスが崩れるので、殺したほうの部族集団から一人殺して減らす。そうするとまたバランスが回復されるという原理です。減らすのは殺人犯である必要はなく、任意の誰か一人を殺すということです。

この原理は、誰かが相手の部族を殺すと、みんなに危険が及ぶので、ある意味では抑止力にもなって、安全保障の原理として成り立っていたのですが、近代の刑法と違って細かい前提や条件があるわけではありません。もしある部族の誰かの奴隷が、他の部族の長を殺したとすると、力関係からいうと、一人と一人ではなくなります。長を殺されたほうは、奴隷を一人殺すのでは見合わない、一〇人ぐらい殺してしまえということになる。イスラームは、こうした血の復讐をすべて禁じています。あくまでも殺した人間しか殺さないとして、部族の原理を、根本的に変えるわけです。

ただし、イスラームの場合、相手を殺すといっても実際にはそうはならない方法をとっています。罪を犯した人間を殺すか、あるいは賠償金を積むか、どちらかの選択になる。これは形を変えた「赦《ゆる》し」でもあるのですが、具体的に言えば、一人殺した場合の賠償金がだいたい、ラクダ一〇〇頭ぐらいに当たります。いまのお金にすると何千万円という金額です。とても一人では払いきれないので、賠償金は部族が全体で責任を負って払うという形にします。

そういう意味で、イスラームの部族同士というのは、その中にいる個人に対しても部族で責任を負うという形で、保障し合っている部分があります。結婚の時も、インドのような強い身分制度はありませんが、女性のほうが男性の家よりも身分が低い場合は認められるが、逆は認められないという取り決めがあります。つまり、女性の結婚は偉い人のところに行くという形になる。後見人は家柄もちゃんと見るという役割があるので、近代の平等主義とは違うものが実際残っています。

イスラームの全体の長は、カリフ一人しかいません。カリフには、クライシュ族という、マッカあたりで有力だった部族の人間しかなれないという原則があります。クライシュ族というのは預言者の一族なのですが、いまですと何百万人いるかわかりません。それでもイスラーム教徒は一六億人いますから、その中でごく一部なわけです。ただ、この原則も中世のオスマン朝で崩れます。

とはいえ、いまだに湾岸には王家がたくさんありますし、部族もたくさんある。シリアでもイラクでも全部そうですが、どこにも部族が国境にまたがって住んでいるわけです。その忠誠心が国家ではなく部族にある場合もかなりあるはずです。

その意味で、中東にはイスラームの原理だけではなく、部族的なものも、ネーション・ステートと矛盾するものとして存在しています。

アラブがネーション・ステートであれは、ひとつになるべきなのですが、それが二十いくつに分かれてしまっている。そういう問題もあって、いまおっしゃられた血縁関係も以前とはだいぶ違ってきているといえます。

ただ、血縁に関してはイスラーム世界だけじゃなくて、インドはもっと強いですし、中国もいまだに非常に強いと思います。むしろ西洋あるいは欧米のほうが、世界的に見ると異質なような気がします。日本に関して言えば、意外と血縁関係に関しては弱い。もともと部族的なものは弱い民族だと思います。私が学生の頃に勉強した『文明としてのイエ社会』(村上泰亮・公文俊平・佐藤誠三郎著、中央公論社)という本に、日本の場合、血縁を基本にしたクラン(ウジ=氏)はかなり早い時期に解体が始まって、むしろ企業に近い、イエ(家)という制度ができたとありました。家制度というのは、実は血縁ではないのですね。その意味では、日本はヨーロッパ的なものにかなり親和性が高いと思うのですが、先ほど申したように、世界的に見るとまだまだそうじゃない。西欧の考え方が正当だという強引なやり方は気を付けたほうがいいと私は思っています。

ダール・イスラームはグローバリズム?

橋爪　イスラームには、ダール・イスラームという、ムスリムが多数を占める地域を束ねる国際法みたいなものがありますね。これは、部族を緩やかに束ねるという意味で、有効には働かないのですか。

中田　ダール・イスラームは、確かにムスリムの多いイスラーム圏にある国々の関係を考慮に入れた国際法ですが、全体を束ねる法がメインで、あまり部族的なものは関係してこないと思います。ダール・イスラームは、あくまでもイスラーム教徒を法のもとに束ねようという法体系です。その国際的法体系の中で、国境を廃していって、商業などもすべて自由にしていければ、いわばイスラーム版グローバリズムとも言えます。

ただし、イスラーム圏にはユダヤ教徒もキリスト教徒も住んでいます。彼ら異教徒とは、刑法の部分ではかなり一致できても、親族法、例えば婚姻法、離婚法などはまったく違うので一緒にはなりません。ですから、そういう異教徒とイスラーム教徒全体を束ねる国際的な法治空間が、ダール・イスラームということになります。

橋爪　キリスト教にはダール・イスラームに相当する概念はないですね。ダール・イスラームというのは、いまのお話のように、刑法を共有することなのですね。刑法は、実定法ですね。クルアーン以下の法源の中に条文が書かれていて、それを適用する。適用していればダール・イスラームで、適用できないのならダール・イスラームの外である、ということになります。

刑法であれ、他の法であれ、キリスト教徒が共通に従う法律はありません。もともとローマの法があり、ギリシャの法があり、ゲルマン法があり、イギリスでコモンロー[*2]が出てきた。商法に関しては、ローマ法が中世に再発見されたように、場当たり的に必要に応じて特定の法を採用するわけですが、すべての人びとがそれに従うわけでもないし、それに従わせる義務もない。その法を共有している人びとをカバーする、ダール・イスラームに当たる呼び方はとくに見当たりません。強いて言うと、法律ではないが、教会というものはある。カトリックとオーソドックスとふたつありますが、教会がそれに当たるものでした。しかし、カトリックもオーソドックスも分裂してしまいましたから、教会さえもなくなった。そうすると、キリスト教にとって、ダール・イスラームに当たる共通項は何か。イエス・キリストを神の子であり救い主であると信じる信仰。これになると思います。これは、非常に広い意味で言えば、キリスト教の信仰であり、オーソドックスにもカトリックにもプロテスタントにも共通する、キリスト教の見えない教会というふうに言えるかと思います。

見えない教会とダール・イスラームとは、どこが違うか。ダール・イスラームは法律を適用するから、実際に機能している。イスラーム法に従う人びとの集団があるわけですが、見えないキリスト教の教会のほうは、実質的に何も縛っていない。深くイエスを信じていながら、金儲けをしてもいいし、戦争してもいいし、強盗したっていいわけでしょう。勝手なことをする人びとが大勢いるのですから、ダール・イスラームのような連帯感を生み出すという機能はあまりない。キリスト教の場合はこういうふうになっていると思います。

中田　そうでしょうね。キリスト教徒全体を束ねる法はないと思います。

法学者vs哲学者

橋爪　キリスト教徒がイスラーム教徒と話をすると、イスラームに圧倒されます。「俺たちにはイスラーム法があるよ。おまえたちは何がある？」「何にもないけど」と言うしかなく、キリスト教徒はコンプレックスを持ちます。なぜ、ダール・イスラームに当たる実定法がないのだろう。父と子と聖霊の三位一体[*3]、という教理は良いと思っても、イスラームの教理はもっと立派に見えて、威張れません。

そこで、自然法で、対抗しようとします。自然法は、キリスト教神学では、神が、すべての人びとに与えた、人類普遍の法ということになっています。キリスト教徒は、これに気がついているぞ。イスラーム教徒は、自然法など気にしません。なぜかと言えば、アッラーが実定法を与えてくれたので、それで十分だからです。それに、自然法は、文字で書かれていないので、あるかどうかわからないではないか、と考えます。

キリスト教徒は、クルアーンのような実定法がなくて、聖書があるだけです。聖書（新約聖書）は、イエスがどうしたこうしたと書いてあるだけで、法律ではありません。でもキリスト教徒は、理性を与えられた。理性でもってよく観察すると、自然法があるとわかる。理性で、自然法を発見できる。これは哲学です。政治哲学なのです。政治哲学がないと、キリスト教徒は団結できないのですね。

その政治哲学は、少しずつ発展していきました。ホッブズが出てきて、ジョン・ロックが出てきて、その哲学がアメリカ合衆国をつくり、フランス共和国をつくった。ネーションをつくった。哲学が政治的国家をつくるのです。こうした流れは、イスラームと大変違います。

中田　イスラームの場合は、自然法に当たる言葉はありません。神からの啓示しか法がないので、そもそも法に当たる言葉はありません。ただ、なぜ神からの啓示があるのかという議論の中で、理性と啓示という西欧にある問題が、イスラームのほうにも流れ込んでくるのですね。

イスラームには、アヴェロエス、アラビア語ではイブン・ルシュド[*4]という中世の哲学者がいますが、この哲学の流れが中世ヨーロッパのキリスト教世界にも入っていきます。西洋では「二重真理説」と言われていますが、おおざっぱに言えば、宗教の真理と哲学の真理は、どちらも真理ではあるが別のものであるという考え方です。実際イブン・ルシュドがそう言ったわけではなく、西洋ではそう解釈したということです。

しかし、イスラームは理性と啓示が矛盾するという立場を取りません。むしろキリスト教のほうがそちらの立場を取って、三位一体とは理性を超えたものだとしている。啓蒙主義以降は主権国家の誕生とともに理性のほうが強くなっていきますが、それまでのキリスト教は、理性と信仰は対立するものだったわけです。でもイスラームは対立しないという立場を取ってきた。

では、イスラームでは理性と信仰をどう折衷するのか。善悪に関してはだいたいは理性で理解できますが、細かいことはわからないと考える。人を殺してはいけない、これも理性ではわかるけれど、殺してしまった場合に、その罰はどうするのかで意見が分かれてくる。いまでいえばアメリカは州によって死刑を認めていますが、ヨーロッパは認めないというように、立場が異なるわけです。イスラームはどうかと言うと、その判断は啓示がないとわからないという立場になる。

いま、私は理性という言葉を使いましたが、イスラームでは、むしろ理性というより、先ほど少し触れた「フィトラ」という本能に近いものが埋め込まれていて、それによってある程度善悪を判断するのですが、細かいところを決めるのが啓示であるということです。普遍的に時代を超えて、場所を超えて、最後の啓示として完成した天啓法がイスラーム法なのです。

ということなので、理性を認めないわけじゃありません。ただ、理性には限界があって、啓示は、世界を最後まで見通される全知の創造主から下されたものだから完璧なのである、という立場を取っているということです。

橋爪　もしそういう考え方を取るとすると、哲学者と法学者とどちらが偉いかと言えば、法学者が偉いことになります。法学者は啓示を扱い、具体的な行為の是非・善悪を決定する人。哲学者は理性を使っておおざっぱに考える人、ということになるからです。哲学者は法学者に追いつけない。イスラーム世界では、哲学者よりも法学者のほうが力を持つことになりますね。

当然、法学者は神学者を兼ねています。ヨーロッパでは、政治哲学が教会と独立に、市民国家を組織するわけですが、イスラームではまずそういうことができない。

中田　そこがイスラームでは完全に分裂しています。イスラーム世界はほとんどが植民地化されたれて、植民地から独立する時にも、結局、宗主国側の制度が残りました。そうすると、西洋化された非イスラーム的な世俗主義者と、イスラームの立場の人間が完全に分裂してしまい、実際に力を持っているのは世俗主義者であるということになってしまいました。

ですので、イスラームの論理からいえば、当然法学者のほうが世俗より格が上で、それを押し通して成功したのがイランだったわけです（イラン・イスラーム革命[*5]）。イランでは法学者がすべての権威を持っています。他の元植民地では、世俗のほうが強いので、分裂したまま残っているという状況です。

もちろんイスラームの世界の中でも、実体法学とは違う法哲学、法格言に近い、そういったものもあるので、いまそれをできるだけ見直して、分裂した世界の調和を図ろうという動きはあります。それでも、基本的には法学者のほうが偉いとイスラーム主義者は思っていますし、世俗主義者はそうではないと考える。そうした分裂状況がいまも続いています。

世俗主義VSイスラーム主義

橋爪　その状況は、イスラームに特有だと思います。他の植民地化したさまざまな国々、例えばアフリカと比べると、その特異性がはっきりします。アフリカも、イスラーム地帯はちょっと置くとして、多くの植民地はもともと文明的段階にはなかった。部族制の社会で、そこには、本当の意味でのローカルな文化があった。そういう地域を植民地化するのに、宗主国は、まず統治階級をつくらなくちゃいけないと考えました。

現地の人びとを本国の大学に留学させ、宗主国の言語で、宗主国の哲学や法律を教え込んで、現地に戻すわけです。そうすると、彼らは自分の社会や文化から浮き上がってしまいますが、宗主国の権威をかさに着て、現地で政府を組織するようになる。こういう国が、かりに独立したとしても、植民地体制が持続しているようなものですね。

独立した植民地は、ほぼそういうふうになっている。宗主国に呼ばれず、ドイツ語もフランス語も英語もできなくて、部族の長で威張っている人間が、ヨーロッパ帰りのインテリよりも力があって、上に立っているかというと、そんなことは全然なくて、必ず下になっている。

イスラームではどうか。ローカルに社会に根差している人びとと頭のなかみがヨーロッパになってしまった人びと。イスラーム法学者と世俗主義者。イスラームでは明らかに、イスラーム法学者に力があって、世俗主義者などいなくても自分たちの国をつくっていけると思っているし、それを支持するイスラーム主義の民衆もたくさんいる。独立したアフリカの植民地とは、真逆なのです。旧植民地の中でこういう経験を持っているのは、イスラームに限られますね。

インドも違う。中国も違う。

こうしたイスラームの特異性は、アメリカやヨーロッパから見ると、非常に扱いにくく思えるのです。

キリスト教世界はなぜ他文明に猜疑心《さいぎしん》を抱くのか

中田　ガンジー[*6]もそうでしたが、結局インドも、インド文化を求心的なものにしようとして失敗しました。やっぱり旧来のインドの体制では政治にはならない。近代国家をつくれないわけです。ですので、いま、ヒンドゥーナショナリズムが強まっていますが、イスラームのような形の代替案を提示するまでのレベルには全然いっていません。その結果として、西洋文明からはやはりイスラームだけが対抗勢力として見られるわけです。
ただし、イスラームと似た意味で、西側が対抗勢力と見ている勢力に、ロシアがあります。フランス革命を機にナショナリズムが伸びてきた時に、その対抗勢力がオスマン帝国とロシア帝国で、プレイヤーの中のひとつだったわけです。オスマン帝国とロシアとは、明らかにヨーロッパとは違う世界ですが、地理的にも近く、ヨーロッパの敵に回ったり、味方になったりしながらずっとやってきたわけですから。

橋爪　アメリカやヨーロッパ世界から見ると、キリスト教でない、他の文明は、猜疑心の対象ですね。理解できない、疑わしい、危険だ、と思ってしまうわけです。相手の文明ごとに感覚は少しずつ違うけれども、猜疑心の対象であるという点は同じですね。

イスラームについては、さっきから言っているように、ヨーロッパ的な市民主義の原則に合致しない思考の原理や行動様式を持っているという理由からです。

ロシアもそう見えます。ロシアは、いちおうキリスト教圏なのに、西欧からそう見えるという点は、解明していかなければいけません。これは世界的に見ると、やはり大きなテーマのひとつです。

インドも不思議に見えます。インドは英語も話すし、いまのところ、そこまで警戒されていないけれど、理解できないという点では似たようなものです。

中国も警戒されています。中国は、キリスト教的では全然ないと同時に、宗教的でもないので、そこが警戒の対象になります。

このように、対象とする文明ごとに、それぞれに理由があって違うのです。

ロシアがなぜ違うのかという点を、少し補足します。ひと昔前の議論だと、それは、ギリシャ正教のせいだということになっています。ギリシャ正教会は、一四五三年にビザンチン帝国が滅亡するまで、ずっと二人三脚でやっていた。その実態は、皇帝と教皇（総主教）が一味であるとか、同一人物が兼ねているとか、考えられていました。これが皇帝教皇主義（カエサロパピズム）といわれるもので、その見方がひとり歩きしていました。しかし、ビザンチンの歴史を具体的に見てみると、そういう一元的な体制と言うよりは、皇帝と教会の関係はもっとぎくしゃくしていたようです。でも、ともかく、西欧からみると、教会と政治権力が合体しているように見えたことには、真実があると思います。

ビザンチン帝国の歴史書を読んでみると、総主教が交代するのに、次はこの人がいいよと皇帝が介入することもあります。次の皇帝が誰かという時に、総主教が介入することもあります。皇帝が政治に失敗すると、有力な貴族が皇帝を名乗って、首都に進軍してきます。これを反対皇帝と言います。首尾よく首都に侵入すると、皇帝の目をくり抜いて、修道院に幽閉します。反対皇帝が失敗すると、自分が同じ目に遭ってしまいます。

中田　先ほど話したカリフの権力争いと似ていますね。カリフのパワーや資格をなくすために目をつぶすということを、イスラーム世界でもやりますので。

橋爪　もしかしたらイスラームの影響かもしれないですね。皇帝と総主教は、誰かが両方を兼ねるというのではない。互いに介入しあう関係だ、ということがわかりました。

これが皇帝教皇主義の実態だとすると、ヨーロッパの王権とカトリック教会の関係と大変違います。教会も少しは王や貴族に介入しますが、それは、「この結婚は正しい結婚ですか。私生児じゃないでしょうね」、という相続への介入であって、基本的には介入できません。王様のほうも、教会の人事にはなかなか介入できない。明らかに違うパターンです。

さて、ロシア共産党の特徴は、政治権力（政府）と教会組織（共産党）が合体していて、確かにカエサロパピズムとよく似ています。ロシア正教会が復活して、二人三脚ぽくなっている点が、ビザンチンの伝統と似ています。他の教会を排除して、一本化した教会と政治権力が結びついている。これはヨーロッパ世界から見ると、非常に気持ちが悪い。こんな状態なら、健全な市民社会になるはずがないと思ってしまいます。良心と権力が結びついているので、選挙に自由がないということになります。それで、プーチンになってしまうわけです。

このように、ヨーロッパ世界というのは、いろんな理由で、自分を基準にして、その基準に合致しないロシア、イスラーム、インド、中国に対して警戒心・猜疑心を強めていく。これが世界秩序にとっていいことなのかどうかといえば、いいはずがありません。

中田　それはまったくおっしゃるとおりだと私も思います。

橋爪　ぜひ日本の読者にお願いしたい。ヨーロッパの皆さん、アメリカの皆さん、あなた方はそう言うけど、それはあなた方の偏見ですよ、と声を上げてもらいたい。世界はあなた方だけじゃないんです。イスラームはイスラームでこれだけの歴史があって、深く考えて、この体制になっている。これもひとつのスタイルである、と。ロシアだって、変ではあるけれど、これもスタイルのひとつ。インドも、中国も、ついでに日本も、そうです。そこを冷静に認めた上で、国際秩序をニュートラルに提案して、つくり上げていきましょうよ。日本はいまそういう立場にあると思うのです。

日本は一度、アメリカと戦争して相当警戒されましたが、幸か不幸か、いまはパワーがあまりないので、警戒心を持たれにくい。そのポジションを利用して、世界について前向きな提案をしていく役割があると、私は思っているのです。

グローバリズムが盛り返すために

中田　まったくそうですね。日本はもっと世界に向けて発信すべきだと私も思います。ただ、アメリカやヨーロッパが、経済的にも軍事的にも政治的にも押しつける力を失いつつあるというのは確かな現実だと思います。一九世紀頃は本当に強かったので、他の文明を未開人だとみなして、自分たちのやり方を押しつければそれで済んだわけです。西洋の普遍主義と理性という名の政治能力を振りかざして、未開人は子供のようなものであるから、我々が保護してあげようということで済んでいた。

ところが現在は、経済的にも軍事的にもそれでは済まなくなり、一方的に自分たちのやり方を押しつけることができなくなってきた。普遍主義とナショナリズムの矛盾を隠すことができなくなってしまった。そこでようやく現実を認めざるを得なくなったわけですが、残念ながら、いまは非常に悪い形になっていると思います。西欧の普遍主義というのは、イスラーム世界から見ると、国家主義とのダブル・スタンダードもあって、非常に破壊的であったわけです。しかし、現実の歴史の中では、少なくともナショナリズムがあることによって、ナショナリズムさえ存在しなかった部族的な争いは調停することができたし、とりあえず国境をつくっておくことで戦争をある程度抑えられたというのも事実です。

また、ヨーロッパの普遍主義のおかげで、アメリカが、世界の警察を名乗って非常に好き勝手なことをやってこられた。けれども、それもアドバンテージが取れなくなって、いまは影を潜め始めている。アメリカもヨーロッパも普遍主義を捨てたということは表明していませんが、事実上は普遍主義を捨てて、自国中心に戻っているのが現状です。私としては、この形は非常に悪い、最悪に近いと思っています。

イスラームのグローバリズムとヨーロッパのグローバリズムは違いますが、グローバリズム自体の持つ、普遍的理念は維持していかなければいけないと私は思っています。アメリカのブッシュ陣営が、「テロとの戦争」という大義名分を掲げてイラク戦争を始めましたが、あれが正当な戦争だったのかと言えば、その開戦の理由とされた大量破壊兵器が結局存在しなかったことも含めて大いなる疑問が残るわけです。しかしその後、「テロとの戦争」と言ってしまえば、すべての国家主義が正当化されるようになってしまった。いまのシリアとロシアもそうです。シリアを舞台に行なわれた反政府勢力の虐殺をテロとの戦争と言ってしまうと、シリア政府のやっていることも正当化されることになってしまう。これはもう周知のことですが、これはアサド大統領のバックにいるロシアが応援してやっているわけです。

中国でも、テロとの戦争と言うことで、ウイグル民族[*8]に対する弾圧が正当化されています。それに対して、いま、アメリカもヨーロッパも、ほとんど何も言わなくなってしまっている。トランプがシリアを空爆しましたが、事前にロシア側に通知しているので、爆撃したぞという形だけのものです。こうした状況も非常にまずいと思います。いま、橋爪先生がおっしゃったとおり、いろんな立場があるということを認めた上で、やはりもう一度、矛盾やごまかしのない本来のグローバリズムを、考えていく必要があると私は思っています。

＊1　アッラー　Allāh　イスラームにおける唯一神の名。語源としては、「神」をあらわすイラーフ ilāh に定冠詞 al- がついた「アル・イラーフ」が転訛《てんか》したものという。

＊2　コモンロー　common law　元来はイギリスにおける一般的慣習法を意味し、国王裁判所が運用した法を指す。普通法と訳されることもある。広い意味ではローマ法、大陸法などに対し、英米法一般を意味する。

＊3　三位一体　「神は、父と子と聖霊の三つの位格（ペルソナ）を持つが、神としてはひとつの実体である」という教義。

＊4　イブン・ルシュド　一一二六年生―一一九八年没。哲学者、医学者。ラテン名はアヴェロエス。スペインのコルドバに生まれ、法学、哲学、医学を修め、ムワッヒド朝カリフの宮廷医師、さらにコルドバの裁判官となり活躍した。その著作の多くが一三世紀にラテン語に訳されて、中世スコラ哲学に大きな影響を与えた。

＊5　イラン・イスラーム革命　一九七九年二月に起きた、イスラーム法学者よる統治を求めるシーア派イスラーム主義による革命。親米傀儡政権だったパーレビ朝が崩壊し、イマームであるホメイニ師を中心としてイラン・イスラム共和国を樹立。領域国民国家の範疇とはいえ、シーア派イスラーム運動が安全圏を得たことは、イスラーム全体の流れにおいては大きな意味を持った。

＊6　ガンジー　一八六九年生―一九四八年没。グジャラート州出身の弁護士、宗教家、政治指導者。イギリス留学を経て、南アフリカで携わった公民権運動以来、非暴力・不服従運動を提唱し帰国後は独立運動の指導者、精神的支柱として活躍しインド独立の父と呼ばれるが、一九四八年ヒンドゥ

ー主義過激派によって暗殺される。

＊7　ロシア共産党　一八九八年創設のロシア社会民主労働党が前身。レーニンが指導する同党左派が指導部で多数派（ボルシェビキ）だったので、一九〇三年にロシア社会民主労働党（ボルシェビキ）と称する。一九一二年に政党として独立し、一九一八年にロシア共産党、一九二五年に全連邦共産党、一九五二年にソビエト連邦共産党となる。

＊8　ウイグル民族　モンゴリアから南シベリアに広く散開していた古代チュルク系遊牧民族の流れを汲むトルコ系諸族のひとつ。中国語では維吾爾（ウイグル）と表記。中央アジアのウイグル人はチャガタイ・ハン国の支配を受けてイスラーム化した結果、民族的にも変容し、ウイグルという民族自称名を失った。なお、現在ロシアや中華人民共和国新疆ウイグル自治区に採用されているウイグルの名称は一九二〇年代以後のもので必ずしも古代から連続した実体をさすものではないが、ウイグル人としての民族意識を持つに至り、東トルキスタン独立運動を展開し中国政府との間に緊張が続く。

第五章　核の脅威と国際社会

主権国家をはみ出す核兵器

橋爪　グローバリズムの話が出ました。

グローバリズムかナショナリズムかで言えば、いまの世界は、まだまだナショナリズムの時代だと私は思っています。いまのグローバリズムは、ナショナリズムからはみ出していく現象に過ぎず、世界の基本はナショナリズムです。

ナショナリズムとは、何か。ある歴史的・文化的な共同社会があって、フランス人とか、日本人だとか、自分たちを自分たちであると認識する人びと（人民）がいる。そして、領土があって、政府があるということです。その政府の権限は、まず徴税権。税金を取る。そして、行政権。集めた税金を使って、公共サービスをしたり、福祉を行なったりする。それから、裁判権、軍事指揮権、安全保障追求権などが加わる。こういうものが合わさったのが、主権です。

主権をそなえたこの人民が、まとまっているのが、ナショナリズムです。これが国際社会のユニットで、これが合わさっているのがグローバル世界です。この先も、四、五〇年は、この世界が壊れることは考えにくいと思います。

さてここで、核兵器について、お話ししたいと思います。

核兵器は、キリスト教的戦争観が作り出した、究極の破壊兵器です。安全保障に関して言うと、ネーション・ステート（国民国家）と核兵器は、とても折り合いが悪いのです。ネーション・ステートは、通常戦力とならば、折り合いがいい。通常戦力は、フランス共和国がそうだったように、原則は徴兵制で、国民軍を組織して、陸軍、海軍をつくり、工業力で装備、兵器を整えます。大国は大きな軍隊、中小の国はそれなりの軍隊をつくって、自力で防衛する。中小の国は、軍事同盟に入って、大国の庇護下に入るなどして、安全を追求するやり方です。これはわかりやすい。

では、核兵器はどうか。核兵器は、通常戦力のパワーバランスを破壊してしまいます。通常戦力は、人数の問題です。一〇個師団が攻めてきた時、こちらが三個師団しかなければ、必ず負けるのです。でも、こちらに核兵器があれば、一〇個師団が攻めてきたとしても、対抗できます。まず大国が、核武装するわけですが、中小の国が核武装をすれば、不釣り合いなほど大きな軍事的パワー、ついでに政治的発言力を、手に入れることができます。そこで、中小の国が核武装する誘惑を、抑えなければならないのです。

まずアメリカが核兵器を持ち、すぐさまソ連が核兵器を持って、その米ソの核戦力によって世界が仕切られていた時代がありました。そうすると、他の中小国の通常戦力がほぼ無意味になって、米ソの核の傘に入るしかないだろう。こういう戦略だったわけです。「核の傘」という考え方は、国家主権が機能していないということです。主権国家が持つ交戦権や、自衛権、安全保障追求権が機能しないのです。冷戦が終わって、ポスト冷戦の時代になった。すると、核拡散の可能性が高まりました。アメリカ、ロシア、ヨーロッパも核を持っている。インド、パキスタンも核を持っている。中国も核を持っている……。

核を持っている利点は何かというと、他の文明圏にいかに嫌われ、対立しても、攻めてこられないということです。核兵器で反撃されればひどいことになるから。という意味で、中国は安全、インドも安全、ロシアも安全、ヨーロッパ、アメリカも安全です。

この論理は、いままで話した主権国家の連合体とは、サイズが違うものです。核保有国は、主権国家よりずっと数が少ないのです。旧文明圏のサイズでバランスしているという論理になる。レベルが半分以上違っている状況です。

さて、そこでイスラームです。イスラームだけが核がない。

核兵器へ向かうイスラーム諸国

中田　そうですね。パキスタンは核を持っていますが、文明圏でいうとインド文明圏に入っていて、イスラームの中心である中東にはいまのところありません。

橋爪　パキスタンは核を持っていますが、イスラーム圏の中心国ではありません。インドとパキスタンの間の緊張で核兵器を持ったわけです。インドの陸軍が攻めてきたら劣勢のパキスタンは、核で反撃するしかないということで。

いま、イランが核兵器を持つ方向に進んでいます。それは、イスラエルの核兵器に対抗する意味があります。イスラエルは、公表していませんが、たぶん核保有しています。イスラエルは、陸軍の兵士の人数が圧倒的に少ないので、対抗のため、核兵器を開発したのです。イスラエルが核を持っているのに、なぜイスラーム側は核がないのか。イランは核を持てば、イスラームのリーダーとして行動できるでしょう。サウジアラビアなど、親米政策をとっている国はそれができません。アメリカの顔を立てて、我慢しています。

イランが核を持てば、西欧、中国、インドに続いて、イスラーム文明圏もやっと、核を持ったことになります。でもアラブにしてみると、痛《いた》し痒《かゆ》しの面がある。アラブは、イランを快く思わないからです。アラブは、イランが嫌いですよね？

中田　そうですね。嫌いです。

橋爪　大嫌いですよね。

中田　宗教的にも違っていますのでね。

橋爪　大嫌いなのだけど、イスラームであることには違いない。

もうひとつは、北朝鮮です。北朝鮮は中小の国なので、核兵器を持つと、「三階級特進」的な大きな政治力を手に入れ、それを経済力にも転化できるかもしれません。北朝鮮がうまいことやって、よい目をみたということになると、悪しき先例になります。世界中の中小の独裁国が、核武装したいと思うでしょう。核保有国が増えれば、今世紀中には、核戦争が起こってしまうと、予測しておくべきです。

それを考えれば、北朝鮮のケースは、中途半端な妥協をすべきでない。将来の核戦争をいまのうちに防ぐ意味からも、北朝鮮との武力衝突を覚悟しても、非核化をとことん追求しなければなりません。

まず、イランの核保有について、中田先生のご意見を聞かせていただけますか。

中田　まず、湾岸諸国でいちばんイランの核保有に反対しているのは、サウジアラビアです。スンナ派の中でも最も正統主義的なワッハーブ派のサウジアラビアにとってシーア派のイランは不倶戴天《ふぐたいてん》の仇敵《きゅうてき》です。そのうえ、イラン・イスラーム革命は、虐げられた人民の側に立ち王制の転覆を公言しましたので、保守的なサウジアラビア王国がイランが核兵器を持ってうれしいと思うことは絶対にありません。

イスラーム世界全体で見た場合にどうかというと、例えばパレスチナあたりだと、イランが核兵器を持ったほうがいいと思うことは若干あるかもしれません。先ほど橋爪先生もおっしゃったとおり、パキスタンが核を持っているのは、あくまでも対インドなのであって、決してイスラーム世界の安全保障のためではない。それでも、ムスリム世界の一国が核を持ったというので、ムスリムたちが喜んだということがありましたので、その意味では、戦略的というよりも感情的にはムスリム世界も核を持つべきだというのは当然共通意識としてあると思います。

むしろいま、イランに対する制裁が足りないということで、サウジアラビアが核開発に向かっています。サウジアラビアとパキスタンは、軍事と諜報《ちょうほう》の部門で非常に親密につながっていますので、核開発に向けての協力も簡単に得られると思います。そもそもサウジアラビアは自国で近代的な軍隊をつくれませんので、軍事顧問や諜報組織の人員もみんなパキスタンから来ていて、両国は一体化していると言っていいでしょう。

ですので、もしこのままイランが核兵器を持つのであれば、おそらくサウジアラビアは、アメリカが協力しなくても、パキスタンの技術を導入して、確実に核を持つと思います。

もうひとつはトルコです。トルコは、いま、日本の原発を輸入して建設する計画が進んでいますが、核兵器に関しても、当然持ちたいと思っているはずです。これはあくまでも推測ですが、トルコはイスラーム世界の盟主を目指していますので、その時に、パキスタンですら持っている核を持たないでいられるわけがないと思います。

イスラーム世界全体としての感情的なレベルの話をしますと、イランが核を持つことに対して、スンナ派が喜ぶことはありませんが、パキスタンの核保有に関してはスンナ派が認めたということを考えると、これからサウジアラビア、トルコ、あるいはエジプトも、核兵器を持つという方向に動いていくのは確かだと思います。

核兵器を使ってもよいという論理

橋爪　そうなると相当ぐちゃぐちゃな世界になりますね。そんなイスラーム世界を仕切って、戦争を抑止したり、イスラエルの独立を守ったり、パレスチナの権利を実現したりとか、どうやるのでしょうね。

中田　いま、核兵器の問題を抜きにしても、イスラーム世界はぐちゃぐちゃになりつつありますので、核を持てば、もっと混乱すると思います。少し前までＩＳが幅を利かせていた頃は、ＩＳが核兵器を持つのではないかと、相当警戒心があったわけです。もし持ったらＩＳは本当に使いかねませんから。

橋爪　サウジはどうですか?

中田　サウジは使わないですね。サウジはあくまでも「金持ちけんかせず」です。イスラームの場合は戦争法があって、本来であれば、民間人に対する殺害は許されないので、核兵器の使用は認められない世界です。しかし、戦争で負けて自分たちが滅ぼされてしまうとなると、そんなこと言っていられないので、防衛戦争の時には仕方ないという論理は出てきます。核兵器を相手が持っていれば自分たちも持つという議論になりつつある。けれど、核兵器という発想は、本来であればイスラームから出てくるようなものではないですね。

橋爪　核エネルギーは、創造主である神が造ったもので、もともとあったわけです。つまり、神の意思。太陽があり、山があるのと同じように、核がある。

さて、人類はこの秘密を解き明かして、爆弾にできると思いついた。これは硫黄と硝石と木炭で黒色火薬ができたりするのと同じで、はじめからそういう可能性を神様が用意していたのを、理性がやっと見つけたという話です。黒色火薬で火薬革命が起こって、戦争が苛烈になり、二〇世紀に入ってからは数千万人の死者が出ているわけですが、これも当然、神様は予想していたことです。核兵器が人間の手に入って、こうした状態になることも、もちろん神様は予測していたでしょう。キリスト教でも、イスラームでもユダヤ教でも、みんなこう考えると思いますが、いかがですか。

中田　神の意思であるということ自体はそうなのでしょう。ただし、その自然エネルギーを核兵器にしていいかどうかは別問題ですね。核エネルギー自体は、平和利用すること自体はイスラームもまったく問題ないわけですが、核兵器は民間人もろとも破壊しつくしてしまうものですからね。毒ガスにしても同じで、民間人を多く巻き込むことになります。

橋爪　ソドムとゴモラ（旧約聖書の『創世記』にある背徳の都市）が滅ぼされる時に、神の火といわれる硫黄の火が降っています。その光景は、核兵器とよく似ています。一発落ちて、ソドムが全滅してしまったのですから。

モーセがエジプトでいろいろな超常現象を起こしていますが、細かな塵《ちり》をまき散らし、みんなが腫れ物で苦しむ場面は、まるで化学兵器の毒ガスを思わせます。

考えてみると、そういう大量破壊兵器に類するものは、神が直接に、あるいはモーセを通して間接に、行使しています。そもそも神には、人間を殺す権利があります。人間を一人殺そうと大量に殺そうと、神の権限の範囲内です。

さて、神が殺そうと思っている人がいた場合、それを人間が手伝って殺したら、それは神の意思であれば許されるということになると思います。もっともそれが神の意思であるという証明は、難しいと思いますが。

中田　それはおっしゃるとおりなのですね。とくに火に関しては、火で殺していいのは神の特権であるという考え方がイスラームにはあります。人間もジハードであれば相手を殺してもいいわけです。ただし、イスラームの場合は、異教徒であっても、民間人、とくに女・子供は、奴隷にはできますが、殺してはいけないという決まりがある。兵士である男だけ殺せる武器をつくればいいのでしょうが、残念ながら核兵器はそういう構造にはなっていません。

橋爪　戦争に関して、キリスト教徒は、クルアーンのような実定法があるわけではないので、自然法、慣習法、万民法、この三つに従います。

自然法とは、理性で考えて、これはいけないとわかることです。

慣習法とは、昔からそうなので従うことで、とくに理由はないのです。

万民法とは、人類のうち、かなりの部分が従っているルールです。

以上はグロチウスの分類ですが、万民法にいう人類は、キリスト教徒に限りません。イスラーム教徒があるルールに従っていて、キリスト教徒もそれがいいと思った場合は、万民法になって、それに従わなければいけない。キリスト教にはこの三つしかありません。この三つに禁止されていなければ、許されると考えます。

さて、昔はなかったのですから、核兵器を使ってはいけないという慣習法はありません。同様に万民法もありません。残るは、理性で考える、自然法です。理性で考えれば、核兵器を使わないともっとひどいことが起こる場合は、使ったほうがいいことになるでしょう。例えば第二次世界大戦で、広島、長崎に原爆を使わなかったらどうなっていたか。アメリカ軍が九州に、そのあと九十九里浜と茅ヶ崎に上陸して、首都東京を目指し、凄惨な地上戦が始まっていたでしょう。この時に五〇万人のアメリカ兵と、少なくとも数百万人の日本人が戦死したろうと見積もられています。そんな事態に比べたら、広島に落としたほうがいいだろうというのが、アメリカの言い分です。原爆を落とされた日本が納得するかどうかは別にして、その言い分は理解できます。

ということは、核兵器は、理性と自然法によって、使ったほうがいいという結論になる場合があるということです。絶対にいけないという考え方にはならない。

北朝鮮の危惧されるシナリオ

中田　北朝鮮に関してはどうですか。

橋爪　北朝鮮は、ぐずぐずしていると、アメリカ本土に届く核ミサイルを実戦配備してしまいます。その前に、何か手を打たなければなりません。この場合、北朝鮮が核兵器を行使するのは非常にまずいので、通常戦争の形になっても、とにかくアクションを取らなきゃいけないと思います。北朝鮮はやりたい放題の要求をいろいろ出してくるでしょう。この半年、一年の間に何もしなかった場合、アメリカ本土が攻撃できるＩＣＢＭが完成して配備されてしまいます。

そう思って、トランプ政権は、北朝鮮に対する圧力を高めてきました。これはある程度、効いているようです。また、アメリカが軍事オプションをとれば、北朝鮮は暴れたとしても、敗れてしまい、解体されてしまいます。北朝鮮は、これを本当に恐れています。北朝鮮が米朝会談を提案したのは、ぎりぎり軍事衝突を回避したいのです。

アメリカは、北朝鮮の核兵器をなくしたい。北朝鮮は、体制の保証と経済発展を手に入れたい。これを交換条件にすれば、米朝交渉が妥結する可能性があります。けれども、北朝鮮が、非核化をしぶって、核兵器をどこかに隠しておくかもしれない。

米朝の力学は、一九四五年の日米の力学と似ているところがあります。アメリカは、金正恩《キムジョンウン》に、核を放棄すれば政権の座についたままでいいし、経済も発展させてやる、と説得しています。北朝鮮が、本当に核を放棄すれば、世界で初めての事態です。核拡散を食い止めた実例として、大きな意義があるでしょう。

中田　アメリカが、軍事オプションをとる場合、アメリカ国民は認めるという感じですか。

橋爪　アメリカ国民は対岸の火事で、さっさとやれば、みたいな感じだと思います。肝心の韓国も、日本人も、軍事衝突になった場合の事態の深刻さをあまりよくわかっていないのは問題ですね。

いずれにせよ、北朝鮮が核配備を完了して、核保有国であることをアメリカに認めさせる時期が近づいています。目が離せません。

第六章　イスラームは国際社会と、どのように調和するのか

二一世紀、帝国は復興する

中田　ここで、これからの世界がどう動いていくか、その可能性について橋爪先生と議論してまいりたいと思いますが、よろしいでしょうか。最終的には西欧社会とイスラームがどう共存していけるかという話につながっていくと思います。

まず、私の持論で、いま、主権国家という枠組み自体がゆらぎ始めているという前提で、帝国の復興と文明の再編ということについてお話ししたいと思います。

一九世紀は西洋による世界支配の時代だったと言い切っていいと私は思っております。そして二〇世紀は、西欧の自滅――西欧というのは、本当に西欧です。アメリカを含みません――西ヨーロッパの自滅の時代だったと考えております。

第一次世界大戦も第二次世界大戦も、西欧で始まり、それが世界大戦になってしまった。しかし元凶は、植民地をたくさん持っていた西ヨーロッパの内ゲバ、内戦に端を発しています。そして多大な犠牲を出して自滅した。

しかし、一九世紀の西洋があまりにも強大な力を持っていたために、二〇世紀の西欧の自滅は我々アジア人の目には見えにくかったと思います。第二次世界大戦が終わってヨーロッパが焦土と化していても、まだアジアの国々は自力ではほとんど独立できませんでしたから。そうした状況はありましたが、二〇世紀における西欧の自滅、この点は押さえておくべきことだと思います。

第一次世界大戦と第二次世界大戦を合わせて、ヨーロッパの内部だけでも数千万人の人間が死んでいます。自分たちで殺し合っているのです。これがトラウマにならないわけはない。我々はそれを経験していないのでよくわかりませんが、少し想像してみてください。自分の周りでそれだけの殺し合いが起きていることを。ユダヤ人だけでも六〇〇万人殺しているのですから、それはヨーロッパの深い傷として残ったはずです。彼らヨーロッパ人たちはいまもそれを客観的に見ることができません。強すぎるトラウマなので、自分たち自身でも意識できないし、口に出しても言わない。口に出して言っていることはどこか歪んでいる。それはやはり自信喪失とコンプレックスがあるからです。そのことを我々が冷静に見る目がないと、これからの世界は見えないと思っています。その点で二〇世紀はとても大事です。

二〇世紀の前半に西欧が自滅し、そのあとでソ連とアメリカが出てきた。ヨーロッパ文明から出てきたものを西欧が自ら破産させ、その破産管財人として米ソが世界を支配した冷戦時代です。しかし、まず先にソ連が潰れ、世界最大の強国といわれたアメリカも翳《かげ》りを見せ始めている。核兵器を独占し、世界の経済力の半分以上を握っていた時期から見ると、アメリカはどんどん落ちています。これはもう不可逆的に落ちていて、もうその時代に戻ることはないでしょう。いまそういう時代に来ています。

二一世紀になって、西欧及び西欧の破産管財人であったソ連とアメリカが凋落《ちょうらく》していく中で、一九世紀まで存在し、ヨーロッパによって蹂躙《じゅうりん》されつつも、まだ文明的な一貫性を有している文明がいま復興しつつあると私は考えております。大きく分けてまずロシア文明、中国文明、括弧つきでインド文明、そしてイスラーム文明です。イスラーム文明が他の三つの文明圏に比べて大きく違うのは、中核国家がないことです。ロシアと中国とインドには中核国家があります。インドはパキスタンとバングラデシュに分かれてしまい一体ではないのですが、一応インドという人口的には世界第二位の大国がある。ロシアという国は昔のロシア帝国と重なり、中国は清時代の中国帝国、インドの場合は最終的には英領インドとかなり重なっています。そしていまも国民国家としての顔と、かつての帝国の顔、そのふたつをあわせ持っていますが、イスラームにはそれがない。

イスラームの中核になる候補としては、かつてのオスマン朝の後継国家であるトルコ、聖地を持つサウジアラビア、シーア派の拠点イラン、あるいは核兵器を持っているパキスタンなどがありますが、すべてのイスラーム世界をまとめるような中核国家はいまのところないのが現状です。

しかしいま、かつての文明世界が、西欧がつくった領域国民国家のシステムを崩し、再編を迫るようなことになっていくのではないかと、私は見ております。

これまで橋爪先生とは国民国家＝ネーション・ステートについて議論を重ねてまいりましたが、二〇世紀の凄惨な戦争を経て、国家がテロを犯さない保証は何もないということがわかったのではないでしょうか。ナチスしかり、スターリンしかりです。そのことも含めて世界全体がどの方向に向かっていくべきか、もう一度原点に帰って考えていく必要があると、私は考えている次第です。

橋爪　帝国の復興と文明の再編について、一世紀刻みで、とても興味深い問題提起を伺うことができました。

私なりに整理をしますと、この、一九世紀から二一世紀にかけての流れは、不均等発展の問題ではないかと思われます。産業化、近代化が、西欧地域を中心に起こったのは、歴史的事実で、必然もあります。産業化では、資本が大きな役割を果たし、資本がまた資本を生み、拡大再生産をしていきます。そこには技術があり、教育があり、高度な技術者や労働力があって、自然資源の配置と相対的に独立に富を蓄積していく、というメカニズムがありました。一度始まると、とめどがない。どんどん強大になっていきます。かつては、広大な土地や豊かな資源があることが繁栄の条件だったのが、それとは無関係に、自然資源がなくても、高度な教育と資本設備が整っている先進国であれば、いろいろな資源を輸入して富を拡大していくことが可能になりました。

さて、これをほっておくとどうなるか。とても長い時間をかければ、この富や豊かさが地球全体、すべての人間に行きわたり、先進国や途上国の区別もなくなって、安定した状態が実現するはずです。これはいいことです。ただ、それには時間がかかります。

先進国はもう発展する余地がないので、新しい投資先を見つけようとしています。新興工業国、ブリックスなどに投資して、経済の発展をはかっていこうという戦略で、これは均等化への道です。うんと長い目で見れば、均等化へ向かう道のほうが強い流れなので、グローバル化は結局、人びとをより豊かにし、平和を実現する方向に向かうでしょう。

しかし、途中では、いろいろな曲折があり得ます。例えばいま、アメリカは覇権の座をずり落ちようとしていますが、だまってずり落ちるだろうか。あえて対抗しようとする勢力が出てきたら、張り合っていろいろ画策し、無理を重ねてトラブルをふりまくかもしれません。北朝鮮のように、小国なのに核兵器に集中投資して、相手に恐怖を与え、大きな譲歩を引き出そうとする国もある。世界の現状は、混乱を極めているわけです。

ここでふたつのやり方があります。ひとつは、みんな主権国家なのだから、自分に責任を持ちなさい、自国の発展は政府が責任を持ちなさい、というキリスト教圏のやり方です。政府のパフォーマンスが悪くて発展が遅れる国は、その国の政府と人民の責任で、仕方ないと考えます。

もうひとつは、イスラームのように、主権国家に重きを置かず、ムスリムとしての人間個々人の平等を重視して、アメリカ中心のグローバリズムとは違った世界観に従うことですね。でも、その世界観を貫くのは難しい。実際には、油田を掘りあてて石油をアメリカに売ったり、欧米の消費文化に骨抜きにされてしまったりしているムスリムが多い。イスラームの理想はわかりますが、そこに向かう具体的な道筋がみえてきません。

中田　イスラーム世界に中核国家がないことそれ自体が、主権国家に対するアンチテーゼだと私は思っています。イスラーム世界をカリフ制というひとつの国家、ひとつの政体にすべきだというのがイスラームの考え方です。

ただ、それだけではありません。自滅したヨーロッパの再生の道としてEUができたわけですが、それもいま危機に陥っている。まだ強いアメリカに対抗するためには主権国家がばらばらなままではやっていけません。そのためには地域ブロックをつくっていくことが必要です。その意味で、主権国家というのはもうすでに時代遅れじゃないのかと私は思っております。主権国家主義と言いますか、民族あるいは国民という単位で分けていくこと自体に無理が来ている。それは別にイスラームが中心でなくてもいいのです。ともかく国境をなくして国家の数を減らすことが正しいと私は思っています。しかし、残念ながら国境をなくすどころか、いまの世界はむしろ国家の数が増えていく方向に向かっている。

その体制を変えていくことは非常に痛みをともなうので、簡単にはできることではありませんが、世界全体がまとまっていく過程として、いま文明の再編を考える時期に来ているのじゃないかと思います。

中央アジアとネーション形成の失敗

橋爪　その旧文明圏についていえば、インドと中国はどちらも、イスラームと折り合いが悪いのです。イスラームはインドに入ってきましたが、ヒンドゥーとイスラームは水と油で、混ざり合っているように見えて決して混ざらない。

中田　そうですね。

橋爪　しかもお互いを敵視している。

イスラームから見ると、インドは、身分制の階級社会で、人類の良さをまるで体現していない、アッラーのことがわかっていない、偶像崇拝の多神教などとても認められない、という評価になります。

ヒンドゥーの側から見ると、イスラームのような外から来た宗教にかぶれてインドらしさを失うのは腹立たしい、自分たちこそ本流なのだというプライドがとても強い。かつて戦争もあったし、歴史的な経緯からみて、インドとイスラームが手を結ぶことはないと思います。

中央アジアはみんなイスラームになっていますね。中央アジアの覇権は、ロシアと中国とイスラームの、三つ巴《みつどもえ》です。清朝が領土だとして、ロシアに対抗して版図とした、いまの新疆ウイグル自治区には、カザフ人などイスラームの人びとがたくさんいます。彼らは強引に、中国に組み込まれていますが、その実態は、まったく中国人ではありません。

ウルムチに行ったことがあります。新疆ウイグルの中心都市です。漢民族のガイドさんが、「皆さん、ウルムチでは財布に気をつけて。カザフ人は何をするかわかりません」と、警戒心をあおる。ウルムチには漢民族がどんどん流入して、人口の半分以上になっています。町を歩くとカザフ人が大勢いて、人懐っこそうです。でも、漢民族を快く思っていない様子が伝わってきます。

チベットもそうですが、いざというとき、選挙でも勝てるようにと、漢民族を組織的に、移入させているのですね。そこで、ふたつのグループの間で、反目が生まれます。

中田　中国は本当に古典的な植民をやっているのですよね。

橋爪　はい。それで文句を言うと、不平分子やテロリストにされてしまう。イスラームから見て、中国はやはり問題のある国でしょう。もともとイスラームと中国の儒教、道教とは、考え方が全然合いません。

中国はいま、何をしているかと言うと、儒教のやり方で資本主義をやっているわけです。儒教の基本方針は、政治的な資源を一元的に集中して、経済をコントロールすることです。集中の手段が国営企業です。それに加えて、共産党の組織です。主に組織の人事を握って、経済面を取り仕切り、余剰を吸い上げて、幹部の間で分配している。共産党が音頭をとって、世界をマーケットに儲けているわけです。最初のうちは、賃金が低く技術水準が相対的に伸び代があることを基本に、工業基地になるという昔の日本のやり方でしたが、都市部の賃金が上昇してきて、いまはほぼ日本並みになっています。日本並みになってしまうと、このやり方では行き詰まる。農村がまだ所得が低く、マルクス[*1]のいう産業予備軍のようになって、賃金を相対的に抑えているので、まだ競争力が残っていますが、そろそろ限界にきています。

中国人自身もこの先が見えない。習近平[*2]は、あとしばらく自分に権限をくれ、その間に必要な改革をやる、と言っていますが、どんな改革か何も言っていません。ひとつのハッピーシナリオは、台湾の李登輝《りとうき》[*3]のように改革者になって、これまでのシステムを手術することです。これは啓蒙的専制君主のロシアのやり方のようで、少なくとも欧米的な市民社会のやり方とはかけ離れています。

中田　ロシアに比べて中国のほうが強権的だと思いますね。ロシアのほうがまだ市民社会に近いものがあります。ただ、経済的にロシアのほうがはるかに遅れているので、これからロシアがどれだけアジアを開発できるかがキーになってくると思います。とくに中央アジアは通路にもなっていますし、天然資源が豊かなので、それをどこが取るか。その意味でも、これから中央アジアをめぐっての、中国とロシアとイスラームの動きが非常に注目されますね。

中央アジアの国々はもともとロシア圏だったわけですが、そこから独立することで無理なネーション・ステート化を図った結果、いま、ロシア語ができる人間がどんどん減っています。それで何かいいことがあったかというと、何ひとつない。例えばカザフスタンはカザフ語、ウズベキスタンはウズベク語が国語になるのですが、カザフにもウズベキスタンにも他の民族がいっぱいいるわけです。つまり、そういう民族間でのロシア語という共通言語がなくなってしまった上に、ひとつの民族だけが支配的になり、民族間の対立が生まれているのが現状です。無理やりネーション・ステートを作ろうとすると、かえって人びとがばらばらになるようなことが起こってしまう。

新たにネーション・ステートを作るには、我々は偉大な民族であるという物語をつくる必要があります。そうなると、トルコ民族がある程度歴史を持ったのは、イスラーム化の後なので、イスラーム系の話にするしかない。ですから、中央アジアにはいまモスクもたくさんできて、イスラーム化が進んでいます。モスクをつくれば必ず礼拝してクルアーンを読むので、どんどんイスラーム化が加速しています。そういう流れはあるのですが、いまのところは中国の影響が非常に強く、トルコ系を抑えるために、中国とロシアが経済協力をやっているというのがいまの動きです。上海《シャンハイ》協力機構*4が非常に拡大して、そこにインドも入ってきたので、イスラームを抑えて、ロシアと中国とインドという三つの文明圏が調整する機構になりつつあります。うまく機能すれば平和に動くでしょうが、主導権を握っているのはあくまでも「一帯一路」*5の中国なので、先行きが見えません。

橋爪　ネーションには、自分たちが偉大な民族だという物語が必要だということですね。中央アジアの人びとはトルコ系のイスラームであったのが、ソ連の手で国民国家化されてしまったわけです。それを整合的に物語にするのは、難しいと思います。

中田　おっしゃるとおり、難しいのです。

橋爪　それを無理にやろうとすると、イスラームになってしまう。

いま私は、国学[*6]をちょっと調べているのですが、日本が江戸時代に何をしたか。まず、偉大な日本を作ろうと、儒学（朱子学）[*7]を奨励するんですね。でも、朱子学は、中国の思想で、中国語です。中国語をみんなで習って、中国の哲学を勉強して、それで幕府の役人で、各藩の武士ですと言われても、何かおかしいわけです。朱子学をやればやるほど中国化してしまう。だから、国民国家から遠ざかります。

その頃になると、ロシアなど外国の船が頻繁に日本にやってきて、オールジャパンで結束しないと危ない状況になってきた。朱子学は何の役にも立ちません。そこで、ちょうど結束の核になったのが、国学です。

国学は、古学[*8]に影響を受けています。古学は、朱子に対して批判的です。孔子、孟子の儒学からずれている。皇帝が絶対だと言うが、孔子は、各国を渡り歩き、自分の政策を売り込もうと君主を取り換えた。それが本来の儒学のはずだ、と朱子に反論します。これはこれで筋が通っています。でもこれは、中国の話です。

そこで日本の知識人のなかに、古学からヒントを得て、日本にも古典があるから読んでみよう、と思う人びとが現れた。日本の古典の厳密テキスト・クリティーク（文献の批判的読解）をやって、あらためて『古事記』や『日本書紀』を読んでみると、漢字で書かれているなかに、大和《やまと》言葉が隠れている。中国から来た漢字の部分を取りのけると、うるわしい混じり気なしの大和言葉が出てきた。そこにはアマテラス→ニニギノミコト→ハツクニシラススメラミコト（神武天皇）に連なる神話が描かれ、大和朝廷の誕生が語られている。このストーリーは中国とまったく無関係なのです。ゆえに、ネーション形成に使えます。

江戸の中期には、朱子学、古学、国学の三つの学問が出揃《でそろ》って、みんな熱心に勉強します。これをミックスすると、ほぼ水戸学[*9]になる。日本流ナショナリズムの物語、なのです。日本にはたまたま古いテキストの、『万葉集』や『古事記』があり、平仮名の和歌を詠んできた伝統があり、その内実としての共通経験があった。それを再発見する手続きがあったからこそ、ネーション形成が可能でした。こうした条件が整っている国は、とても少ないのですよ。

中田　なるほど。中央アジアには、それぞれの国がそれぞれの国をつくるほどの伝統はないですね。いまのお話の平仮名や和歌の伝統も、薩摩《さつま》や長州といった藩のレベルではつくれないわけです。あくまでも日本全体の伝統の流れの中で育まれたもので、一朝一夕ではつくれない。そういう意味ではやっぱり安易なネーション・ステートの線引きは無理があるのですね。

歴史の経験をたどり直す

橋爪　ネーション・ステートがいくつもまとまっても何とかなるという、EUのようなやり方は、ヨーロッパ以外では難しいのです。だから、トルコは非常に苦労している。イランはペルシャの伝統があるから、何とかできるような気もする。インド、パキスタンも苦労しているけれど、宗教を下敷きにして何とかやっている。中国は、大中華帝国をネーション・ステートとする以外にないでしょうが、それをやると少数民族が冷遇されることになる。日本は、たまたま島国で、歴史があって、何とかなった。世界を見渡しても、こんなにうまく行ったのは日本ぐらいです。たいていは、宗主国の文化に同化して国内が分断されてしまうか、あるいは、イスラームのように中世的なコスモポリタニズムに引き寄せられるか、そのどちらかしかない。イスラームには、中世的な要素と、ポストモダン的な部分と、両方の性格があるのですね。

中田　はい、それをまず冷静に認めないことには始まらないですね。いまのイスラームはそこに意識がついていっていないことが問題だと私も思っています。先ほど言ったとおり、西洋のコスモポリタニズムと言ってもいいし、グローバリズムと言ってもいいのですが、普遍主義には問題があるにしても、そちらのほうでいかないと人類の未来はつくれませんので。

ただ私が非常に危惧するのは、いま世界中でそうした理性が退行して、変なナショナリズムに陥っていることです。その意味で世界にいちばん大きな影響を与えるのはアメリカです。

橋爪　日本の知識界が、マルクス主義という形のコスモポリタニズムにずっと寄って行った一時期がありました。これは、失敗しました。失敗した理由は何でしょう。

成功したマルクス主義は、ロシアマルクス主義であり、中国マルクス主義であり、その実態は、決してコスモポリタニズムではなかったのです。それを見て、その方向には未来はない、と知識界は見放しました。資本主義に代わるコスモポリタニズムは、空想でしかなかった。マルクス主義から離れて何が残ったかというと、ほとんどからっぽで何にもなかった。日本から見てコスモポリタニズムに見えたのは、フランス現代哲学のポストモダンしかありませんでした。フランス現代哲学は、勉強しても世の中は変わらないけど、自分がいい気分になれるので、間がもつのです。でも暇はつぶせても、現実社会や日常生活はまるで変化しない。

現実社会や日常生活を考えるツールとなると、アメリカのプラグマティズムや、政治学、経済学などの社会科学になります。これらは、日本でできたものではないので、外国のことを勉強するだけになって、思想と呼べるほどのものにはなりません。すっかりふり回された知識界には、日本人の感性や思想はどこに行ってしまったのだろう、というルサンチマンしか残らなかったのです。そのあげくに、ルサンチマンが変容してアベノミクスみたいなものになり、本音は反米だったりするのに、アメリカに従属しながら日々を生きている。それは、私たちの知的な構築力がひ弱だから、そんなふうに流されているのだと思います。

こんな状態で、イスラームや国際社会について、冷静に見るなんて無理ですよ。

中田　やはり無理でしょうか。

橋爪　はい。普通、学者は西欧のことを勉強するのですが、西欧のことを勉強すればするほど、イスラームに対する偏見の眼鏡が分厚くなっていきます。そういうときに、中田先生がいらっしゃると、とても爽快で、うれしい（笑）。イスラームの学者でありながら、その枠におさまらないので、偏見の眼鏡が外れます。

中田　ありがとうございます。過分なお言葉をいただきまして（笑）。

いま先生がおっしゃったとおり、日本の戦後の知識人というのは、いわゆる左翼、マルクス主義が引っ張っていました。ほぼ九〇パーセント、表に出ている部分ではほぼ一〇〇パーセントに近かったと思います。その時に、ごくわずかに保守派の人間はいました。橋爪先生もそうですが、それ以外では、いまから思うと小室直樹[*10]先生が傑出していたと思います。マルクス主義でもなく、伝統保守主義でもない独自の保守思想を確立なさっていた。西欧の学問をおさめた上で、それを批判した政治思想学者の京極純一[*11]先生のように、東大の中でもごくわずかに日本の文化を書かれた方もいらっしゃいましたが、残念ながら、その力は非常に弱くて、現在、そちらのほうで伸びずにいわゆるネット右翼みたいなものになってしまいました。橋爪先生はいま振り返られて、日本にはどういう可能性があったと思われますか。

橋爪　幕末から明治の、日本の近代化のいちばん厳しい、苦しいところを、日本人は相当賢明に通り抜けているのですね。きちんとしたジェネラルプラン（全体計画）があったわけでもないのに、そのときどきで、それなりに賢明に通り抜けている。日本人が理解でき、ついていける程度の提案をうまくして、極端な経済の停滞や食料不足、社会の混乱や不必要な内戦などを国内で起こすことなく、変化していけた。これはなかなかよかったと思います。

けれども、それがなぜ可能だったのかを、現代の日本人は、体験としてしっかり継承していません。朱子学、古学、国学、蘭学といった、当時の知識人の知的努力があり、その上に、英米仏独の洋学を取り入れて、それがベストミックスされました。そうやって、明治の基本的なプランができたとすると、それを自分の問題として理解し、もう一度咀嚼《そしゃく》しなおす必要があると思います。

洋学が入ってきてそちらが主流になると、日本人は、朱子学、古学、国学、蘭学を捨ててしまいます。それまで依拠していたものを捨てると、方向感覚がなくなります。捨てたなかに、日本のうるわしき物語をつくり出す源泉があった。一方、洋学には、うるわしき日本の話はかけらもない。すると、心情的ナショナリスト、ネトウヨ的極右になるしかない。洋学に対する、単なるアンチになるしかないのですよ。

中田　その傾向はイスラーム世界も似ていますね。ISなんて、アンチだけでできているようなところがあって、イスラーム伝統の十分な咀嚼がありませんのでね。

右足を西欧文明に、左足をイスラーム文明に

橋爪　イスラームの伝統を受け継ぐには、まずトルコはどういうふうにできたのだろう、アッバース朝はどうなっていたのか、ファーティマ朝はどうなのかと、イスラームの秘密を理解して、彼らの政策運用や統治技術、十字軍が来た時の戦術、戦略などを残らず踏まえる必要があると思います。イスラームの哲学、歴史、文学を踏まえたうえで、右足を洋学（ヨーロッパの

文明）に、左足をイスラームの文明に置いて、それを自分の頭の中で一度ぐしゃぐしゃにしてみる。そこまでしないと、何か新しいものは出てこないし、新しい発想も生まれないと思います。ＩＳの人びとはそういう作業をまったくやっていませんからね。

中田　やっていないですね。

橋爪　拒否して、排除して、敵愾心《てきがいしん》（外に敵をつくる心性）を煽るしかない。とは言え、かつてヨーロッパもそういうことをやってきたわけで、とどのつまり、同じことをやっているだけなのです。ただ、強ければそれでいいかもしれない。弱いのに、現状を乗り越えて行こうとする場合、そのやり方はよくないでしょう。

中田　そうですね。ＩＳが出てきたことで、シリアとイラクがかなり混乱を極めてきましたので、その意味では理論は追いついていませんが、対応は進んでいますよね。

いま、トルコにはクルド民族が六〇〇万人ぐらいいます。そこに六〇〇万人を超えるシリア難民が出て、トルコはその半分以上を受け入れているので、アラブ人がクルド人に次ぐマイノリティになっているんです。トルコの人口は八〇〇〇万くらいなので、トルコは複合民族国家になりつつある状況です。ケマリズム（西洋化、近代化のイデオロギー活動）の時にはトルコ人だけで、トルコ政府はクルド民族の存在も否定していましたが、ＡＫＰ（公正発展党。トルコ国会の第一党）になってからは、クルド語の出版や放送を許可しただけではなく、クルド系の政党も認めるなどかなり変化しています。

日本の報道はすごく歪んでいて、クルド人がみんな反政府的なように報道していますが、実際にはトルコにおけるクルド人の受容はずいぶん進んでいます。そういう人たちは、クルド人を名乗らずトルコ人のように見せているのであまり目立ちませんが、トルコの中にクルド人は相当数組み込まれています。さらにいま、アラブ人がずいぶん入ってきて、アラブ化が進み、トルコは本当にコスモポリタンな国になりつつあります。

ということで理論はまだ追いついていませんが、現実のほうはだいぶ進んでいますので、トルコの国内の動きはすごく重要だと思います。トルコは西洋の最前線でもありますから、しっかりこれから見ていくべき存在でしょう。

共存のカギを握るトルコ

中田　イスラーム世界では徐々にトルコがイニシアティブを取り始めています。例えばロヒンギャ問題[*12]などにもトルコが傑出して発言していますし、パレスチナ問題[*13]についてもそうです。

イスラーム世界全体でいちばん人気があるのはエルドアン[*14]ですから、本当に民主的に選挙をやれば彼がカリフになると思います。

橋爪　日本も一二〇年ぐらい前に、台湾を領有し、そのあと朝鮮半島を領有し、南洋諸島を委任統治し、さらに満州国もつくって多元化し、しかもそれがみんな天皇のもとにいるという支配構図を作ろうとしました。その当時の構図は、いまのトルコの状態に重なりますね。当時の日本は、その多元化した支配構図を作ろうとして、「大和民族」と「日本人」を分けたのですよ。日本は、多民族国家だとされた。このことにふたをして、いまの日本人はまったく忘れていますね。日本の中のマイノリティは「在日」のカテゴリーに押し込まれて、さしてインパクトのない存在にされていますが、かつては人口の四割、五割が大和民族でない人びとだった時代があるのです。多民族国家日本はどういう存在なのか、まさに自分たちの課題として、みんな考えていたわけです。

その感度があれば、いまトルコで何が起こっているか、イスラーム世界の中でアラブやシリアがどんな苦労をしているのか、理解できるようになると思うのです。

中田　はい、おっしゃるとおりで、本来の右翼はそういうものであるべきだったのですね。幻想であったとしても、「八紘一宇」《はっこういちう》*15にはアジア主義というものがあって、普遍的なものをつくろうという理念があったわけです。たとえ現実がそうでなくても。いまは排外主義オンリーになっているので、あれは右翼とはいえません。しかもそんな排外主義に、賛成や反対を唱えるでもなく、よくわからないという人たちが中心になってしまっているのは、日本の貧しさだと思います。考えることを放棄して、さらに人文教養を崩していっている。そうなれば日本は滅びるしかないと思います。

そうしたいまの現実を見ていると、暗澹《あんたん》たる気持ちになります。本来は日本がイスラームと西洋との橋渡しを促すような立場で話ができるといちばんいいのですけれどね。日本にはそういう異文化を学んできた伝統がありますので。

橋爪　そうすると中田先生は、イスラーム全体を取りまとめる中核国家として、トルコがカギになるとお考えなのですね。

中田　はい、西欧社会とイスラームの社会の間をとりもつに当たっても、トルコが大きな役割を果たすのではないかと考えています。ただし、イスラーム世界には、ご存じのようにスンナ派とシーア派の対立がありまして、対西欧よりそちらのほうが厄介だったりするわけです。その問題に対してもトルコは重要な役割を果たしていると私は思っています。

まず、トルコはシーア派と歴史的にも付き合いが長く、敵対しつつもうまく調整して付き合っていく技術を持っている。そこは非常に大きいと思います。

だいたい五〇〇年ぐらい前の時点で、ほぼスンナ派とシーア派のすみ分けができているのですが、少し歴史的な話をすると、いまのバグダッドはもともとペルシャ圏で、シーア派のいちばんの聖地であるナジャフはイラクにあります。ここをどちらが取るか、サファヴィー朝とオスマン朝が争って、最終的にオスマン朝が取ったわけです。

いまのイランの原型ができるのは、いまから七〇〇年前のイル＝ハン国の時です。イル＝ハン国はもともとモンゴルで、モンゴル人がイランに来たわけですが、これがまずトルコ化します。トルコ化し、そしてイスラーム化し、その後にシーア派化するという流れです。これがシーア派のイランの原型です。

その同時期に、モンゴル軍にバグダッドが取られます。これはイスラーム世界にとって大きなトラウマになりますが、その後にシーア派に取られることになる。その後、しばらくバグダッドは取ったり取られたりしますが、最終的にバグダッドはオスマン朝が取り、スンナ派のものになるということでいままでずっと来たわけです。

ところが、アメリカのイラク侵攻によって、スンナ派だったサダム・フセイン政権が倒され、シーア派政権ができてしまった。これは五〇〇年ぶりのことなのです。五〇〇年ぶりにイスラーム世界の中心のひとつであるバグダッドを首都とするシーア派の政権ができるという大事件が起きたわけです。

　こういう歴史的な流れの中で、トルコはいままでシーア派との付き合いをやってきました。オスマン朝のトルコはスンナ派でしたが、シーア派の聖地のナジャフを抱えたまま五〇〇年間やってきたわけです。そういう意味で、シーア派とは敵対している関係でありながら、うまく付き合っていくという技術を持っているのがトルコ人なのです。つまり、シーア派とはまさに敵対的共存の文化を持っているのがトルコなので、スンナ派とシーア派の調整役、あるいは西洋文化との橋渡し的な役割を担うカギになると私は見ています。

キリスト教の側からまず歩み寄るべき

橋爪　しかし、イスラーム世界がキリスト教世界と共存していくには、難しい問題がいくつもあると思います。新オスマン主義の動きはあるにしても。
中田　はい、それは承知しております。けれども、理解できない他者との共存は可能かという点については、前も申し上げたようにイスラームの考え方が大きなヒントになると私は思っています。これについて言えば、イスラームにはジハードという概念がある。ジハードとは、異教徒との戦いです。イスラーム教徒はイスラーム法を守るが、異教徒はイスラーム法を守らない。そこでイスラーム法を守るために戦争をする。それがジハードです。しかし、ジハードというのはキリスト教世界の戦争のように殲滅戦《せんめつせん》にはなりません。

ジハードの呼びかけというのは、まずイスラーム教徒になりますかと聞いて、ならないと相手が答えた場合、では税金払いますかと聞いて、相手が払うと言えばそれで終わるわけです。その意味で、まず殲滅戦にはならないようにできています。戦争になった場合も、勝てなければ、最後までやらずに講和をすることもできる。イスラームはキリスト教のように自然法の概念を持ちませんので、法律上の講和ではありませんが、人間は言葉を守るのが基本だと考えていますので、違反しない限り相手の言うことを守るという前提で条約を守ります。

つまり前にもお話ししたように、イスラームはもともと理解できない人間、価値観を共有しない人間との関係を前提としています。文明というものをひとつの価値観の体系だと考えてみた時に、文明の外に対しては価値観が違うという前提になりますから、そういったものの調整にはイスラームの考え方がヒントになるのではないかと私は考えています。

橋爪　そこは、同意しますね。私もほぼ、同じ意見です。イスラームは、キリスト教とイスラームの関係についても、後から出てきただけあって、十分先のほうまで考えてあるわけです。

イスラームは信仰告白で、ムハンマドについて、「最後で最大の預言者である」と告白するはずです。「最後の」預言者と言っている以上、ムハンマドの前に、アッラーの預言者がいたという前提に立っています。どういう預言者がいるかと言えば、大事なものとしてはモーセであり、モーセの預言に従う人びとがユダヤ教徒です。また預言者、マリアの子イエスに従う人びとが、キリスト教徒です。どちらもアッラーの預言者で、ユダヤ教徒もキリスト教徒も、アッラーの預言に従っているという意味では、イスラームと考えてもよいわけです。

そこで、ユダヤ教徒もキリスト教徒も、ムハンマドの預言に直接従うという意味での、イスラーム教徒に改宗しなくてもいい。けれども、イスラーム教徒に改宗しないのであれば、税金を払いなさい、ということになっているのですね。

イスラームの側にはこのように、宗教的寛容が備わっていて、ユダヤ教共同体やキリスト教共同体と共存する仕組みが整っています。これはすべてのムスリムが理解していることだと思います。クルアーンにそう書いてあるのですから。

さて、キリスト教の側がどう考えるかです。キリスト教は、モーセをはじめ旧約聖書に出てくる預言者は認めます。ただし、イエスが出てきた後でも、イエスに従わないで、それを拒否し、かたくなに古い預言に従っているユダヤ教を、けしからんと思うようになった。

キリスト教に言わせると、ユダヤ教はけしからんが、イスラームはなおけしからん。イエスより後に預言者はいない、というのがキリスト教の基本的考え方です。ところが七世紀になって、ムハンマドなる人間が出てきて、アブラハムの神の預言を受けたと称している。これは、まったく正当化できない。いないはずの預言者がいるわけですから、これは、偽預言者です。ムハンマドは預言者でなく、ペテン師であり、クルアーンは神の言葉ではなく、でたらめなフィクションだとしました。ムスリムは、ペテンを信じている大ばか者である。キリスト教としては、こう考える以外にないのです。

ですから、キリスト教には、イスラームを位置づける場所がない。はじめから、けんか腰です。そんな連中にエルサレムをいいようにされたら大変だ。巡礼の妨害をしたとか、適当な理屈をつけて、十字軍[*16]を派遣してみたり、やることなすことけんか腰でやってきた。キリスト教徒は、宗教裁判所なるものをつくり、隠れユダヤ教徒を見つけてはしばいたり、隠れイスラームを見つけてはしばいたり、そんなことばかりやってきたわけです。

こんなことを一〇〇〇年ぐらいやられていると、イスラームもだんだん堪忍袋の緒が切れてくる。イスラームにも、かなり根深い反キリスト教感情が芽生えてくるのですが、これがイスラームの内在的な感情かと言うと、私にはそうは思えない。むしろこれは、明らかな歴史問題であると思います。

日本と中国、日本と韓国の間には、歴史的な行き違いから、感情のもつれがあります。これは、宗教の問題と言うより、歴史問題ではありませんか。同じように、キリスト教文明圏とイスラーム文明圏の間にも、歴史問題があるのです。日本と中国が一五〇年でこんなにもつれているのに、それが一〇〇〇年なら、どれだけもつれるか。その解決にはやはり何百年もかかるんじゃないでしょうか。

中田先生のお話のように、理解できない他者との共存のヒントは、イスラームの考え方にあるのかもしれない。そしてそれは可能かもしれない。しかし、それには大変な努力が必要で、主としてその努力は、キリスト教の側が共存の道を考えつくことにあると思います。

中田　共存の道はまずキリスト教の側が考えるべきだという点については、私もそう思います。単純に、キリスト教のほうがアクティブだということと、いま衰えつつあるといっても、まだ軍事面でも経済面でも政治や外交面でも、圧倒的に西欧のほうが強いので、西欧から動くしかないということもあります。イスラームが自分たちから積極的に動けることはまずないでしょう。

さらに言うと、文明の間の相互理解は非常に難しいということを前提とした上でも、やはり西欧のほうのイスラーム理解は足りないと思います。もちろんイスラーム側の西欧理解も足りないのですが、それでもやはり西欧圏は植民地支配をしていたので、イスラームのほうが西欧についてはまだ知っているわけです。西欧のほうは、イスラームを知れば理解できるところはまだたくさんあると思います。

　ということですので、西欧のほうがまずイニシアティブを取って、イスラームとの共存の道を考えていただきたい。言葉の点でいっても、いまイスラーム世界ではかなりの人間が英語をしゃべります。そういう意味でも意思の疎通は以前よりはるかに楽になっています。これは私がイスラーム教徒だからイスラームの擁護をしているのではなく、西欧のほうがいろんな意味で有利だという意味で、西欧のほうから歩み寄ってほしいと思っているのです。

利子と法人を否定して、経済発展できるのか

橋爪　しかし、西側社会とイスラームがつながるとなると、経済面（商業）でもうまく行かないことが、いくつも予想されますよ。

中田　いや、イスラームにも非常に商業宗教的な面もあります。むしろイスラーム世界の内部よりも旧宗主国との関係のほうが強かったということがありますので、それほど支障はないと思います。いまも北アフリカのアラブ諸国を見ても、隣の国よりもむしろフランスとのほうが

関係が強かったりします。これからは商業面でもできるだけ互いの国の人間が出入りし、イスラーム世界の中にもたくさん西欧人がいる、西欧にもたくさんイスラーム教徒がいるという形になったほうが、相対的には平和が守れるし、大規模テロが起こりにくいようになると思います。

橋爪　その点はそうでしょうね。

ただ、イスラームは、契約もできてビジネスもできるということですが、いくつか難しい問題点があります。まずイスラームには、利子の禁止の規定があって、利子を合法的に取れないという制約があります。利子を取れなければ、貸し付けができず、銀行業務ができず、新しいビジネスが始めにくい。キリスト教徒はそれが自由にできるので、イスラーム世界とは対等な競争にならない、と思います。鉄下駄を履いてサッカーをやっているようなもので、圧倒的に不利です。

もうひとつイスラームに問題点があるとすれば、前の章でも言いましたが、法人という考え方がないことです。法人がないと、資本主義なんかできないですよ。キリスト教にも法人実在説と法人擬制説があって少し複雑なのですが、事実として法人が存在して、株式会社がたくさんあり、その所有権がある。経済主体として、活発に動いています。

イスラームの場合、イスラーム法学は法人に対して大変ネガティブなので、イスラーム法のもとで資本主義を運営するのは、かなり困難だと思います。

このふたつの問題点があることで、イスラーム世界は、グローバルエコノミーに組み込まれていくことに遅れをとっているのです。中国もインドも、利子は大丈夫で法人もある。だから両方とも調子がいいのです。

中田　それはまったくおっしゃるとおりだと思いますが、残念ながら私はその意味では法人反対説をとっています。ただ私の信条は別として、中国やインドほどではないですが、最近はイスラームも法人を設ける方向に進んではいます。まだまだイスラームには不利な状況ではありますが、ビジネス面でも共存していける可能性がないわけではないと考えています。

偏見の色眼鏡を取り去るには

橋爪　さらにキリスト教世界がイスラームを受け入れるということは、先ほどお話ししたイスラームはペテンというキリスト教の偏見があるので、なかなか難しいことには違いない。とくにアメリカにいる福音派の人びとは、イスラームにかなり強固な偏見を持っているので、どんなアイデアを出してもダメだろうとは思いますが、ただキリスト教会にもいろいろあります。

私が最近出した『フリーメイソン　秘密結社の社会学』（小学館新書）という本にも書きましたが、近代的なキリスト教は、三位一体説にあまりこだわらなくなってきています。イエス・キリストでさえ神の子かどうか疑わしいという人が増えてきて、理性をより重視する理神論が注目されてきています。

キリスト教が理神論の要素を持つからこそ進化論を受け入れることができて、天文学や地質学、自然科学も受け入れてきた。そして、それらの学問はだいたい正しいとみんなが思っている。ということは、聖書が正しくないということでしょう？　それでも彼らはキリスト教徒という立場を取っているわけです。ここまでさばけているのであれば、いままでのいきさつのかなりの部分をなかったことにして、神の問題を自分たちで考える、再定義していくという可能性がないとは言えないと思います。

歴史問題の解消の方法については、キリスト教神学がどういうふうにできてきたかを、まずバチカンがきちんとつまびらかにすることです。古い文書を整理して、大部分をイスラーム教徒に教えてもらいましたとはっきり認めることです。キリスト教神学のベースはイスラーム神学でしょう？　これは明らかな事実ですよ。それがひとつの突破口になるかなと私は思います。

中田　私もおっしゃるとおりだと思います。イスラームの側から見ると、確かにキリスト教のほうはずいぶんさばけてきている。そして、神学に関してはもともとイスラームのほうが進んでいて、キリスト教がそれをかなり取り入れているのも事実です。しかし、イスラームの骨子である肝心の法学を取り入れたわけではありません。キリスト教にはそもそも法学がないので、イスラームの宗教性が理解しにくいのですね。西洋から見ると、宗教に見えない。イスラームにおいては世俗そのものがなく、西洋的な意味の世俗化とは違うものです。西欧でヒジャーブやスカーフといったムスリマ（「ムスリム」の女性形。イスラーム教徒の女性）の服装が問題とされてしまうという問題も含めて、そこを理解してもらうのは難しいのですが、最初から西洋的な価値観を押しつけないという姿勢が必要だと思います。

＊1　マルクス　一八一八年生―一八八三年没。科学的社会主義の創始者、国際労働運動と革命運動の指導者。資本主義批判の大著『資本論』を著す。ユダヤ系ドイツ人の家庭に生まれ、ボン大学、ベルリン大学で法学、歴史学、ヘーゲル哲学を学び、著述、政治活動を展開した。亡命を繰り返し、ロンドンで没した。

＊2　習近平　一九五三年生。中国共産党中央委員会総書記、党および国家中央軍事委員会主席、中華人民共和国国家主席、中央国家安全委員会主席。二〇一二年の党中央委員会で総書記に選出され

て以来地歩を固め、二〇一七年の第一九回党大会以降も第二期習政権として指導的地位を継続。同大会の「政治報告」で、毛沢東の「建国」、鄧《とう》小平の「富国」に続く習の「強国」の目標が掲げられた。

＊3　李登輝　一九二三年生。政治家、学者。京都帝国大学農学部に入学、戦後、台湾大学を卒業し、アイオワ州立大、コーネル大学（博士号取得）に学ぶ。一九八八年台湾出身者として最初の総統に就任（二〇〇〇年まで）。以後、「自由・民主・均富」を掲げて中華民国の台湾化と政治制度の民主化にあたる。一九九六年三月には総統、副総統の直接選挙を実現した。

＊4　上海協力機構　中国、ロシア、インド、パキスタン、ウズベキスタン、カザフスタン、キルギス、タジキスタンが加盟する地域協力機構。略称SCO（Shanghai Cooperation Organization）。憲章に、軍事、政治、経済、貿易、科学技術、文化面などの包括的協力を謳《うた》う。加盟国の人口は世界人口のおよそ四割。国内総生産の総和は世界の二割、面積はユーラシア大陸の実に六割を占める。アメリカ一極集中への対抗軸としての性格が色濃い。

＊5　一帯一路　習近平が提唱し、中国が主導する、アジア、ヨーロッパ、アフリカ大陸にまたがる経済圏構想。「一帯」は「シルクロード経済ベルト」、「一路」は「二一世紀海上シルクロード」。

＊6　国学　江戸時代に日本の古典を対象として、文献学的研究により、漢意《からごころ》ではないいにしえの文化、日本固有の「道」を明確にすることを目的として成り、発展した学問、学派のこと。賀茂真《かものま》淵《ぶち》、本居宣長らが代表的な学者。

＊7　朱子学　南宋の朱熹《しゅき》（朱子）によって立てられた新たな儒学。皇帝の専制統治を正統化する形

而上学的な体系を整えた。日本には鎌倉時代に伝来し、主に禅僧らによって研究され、江戸時代初期、藤原惺窩《せいか》、林羅山、山崎闇斎らが現れて隆盛となった。

＊8　**古学**　日本儒学の一派。江戸時代前期の山鹿素行、伊藤仁斎、荻生徂徠《おぎゅうそらい》とその系統の学者らによる学問の総称。三者は直接の師弟関係にはないが、朱子学を批判し、孔子を中心とする時代の古典を、原文に即して研究すべきことを主張するなど多くの共通性が認められるため一派とみなされている。

＊9　**水戸学**　水戸藩二代藩主徳川光圀《みつくに》の修史事業に携わった学者らとその後継者の間に形成され、幕末の尊王攘夷論の中核をなした学問。「水府（之）学」「天保学」とも。歴史尊重と国体観の高揚、尊王賤覇の思想といった特徴がある。代表的な学者に藤田幽谷《ゆうこく》、天保改革を推進した会沢正志斎《せいしさい》や藤田東湖らがいる。

＊10　**小室直樹**　一九三二年生―二〇一〇年没。社会科学者。京都大学理学部数学科卒業。大阪大学大学院経済学研究科を経て、東京大学大学院法学政治学研究科修了（東京大学法学博士）。この間、フルブライト留学生として、ミシガン大学、マサチューセッツ工科大学、ハーバード大学各大学院で研究生活を送る。一九六九年、小室ゼミナールと呼ばれる参加者の所属、専攻、年齢を問わない社会科学の基礎を指導する自主ゼミナールを発足させ、多くの人材を輩出した。研究論文に加え、一般向けの社会評論も積極的に行なった。著書に『危機の構造』『ソビエト帝国の崩壊』他多数。

＊11　**京極純一**　一九二四年生―二〇一六年没。政治学者。専門は政治意識論、日本政治論。東京大学教授、千葉大学教授、東京女子大学学長などを歴任。著書に『日本の政治』『和風と洋式』他多

数。

＊12 ロヒンギャ問題　ミャンマー（ビルマ）において、イスラーム系少数民族ロヒンギャ族が国籍を与えられず、移動や結婚の制限、労働の強制、恣意的課税、財産没収、強制退去、ミャンマー国軍による虐殺など、多くの差別、迫害を受けている人道危機問題。近年、数十万の難民が生じている。

＊13 パレスチナ問題　パレスチナをめぐるパレスチナ人とイスラエルの間の紛争。一九世紀末、シオニズム運動が高まり、ユダヤ人のパレスチナ流入が盛んになった。第一次大戦中、イギリスはアラブ人とユダヤ人双方にそれぞれパレスチナでの建国を約束したため、戦後両民族の対立が激化した。第二次大戦後、ユダヤ人はイスラエル共和国を建国。以来、一九四八年、一九五六年、一九六七年、一九七三年の四次にわたる中東戦争と武力抗争が続いた。一九九三年にはイスラエルとパレスチナ解放機構（ＰＬＯ）の間でオスロ合意が結ばれ、パレスチナ暫定自治宣言に調印、翌年ガザ、イェリコの両地区にパレスチナ暫定自治政府が樹立されたが、その後イスラエルはシャロン、ネタニエフと右派政権が続き、ガザを中心とした地域でパレスチナ人への迫害が続いている。

＊14 レジェプ・タイイプ・エルドアン　一九五四年生。トルコ大統領。公正発展党（ＡＫＰ）党首。マルマラ大学経済経営学部卒業。一九九四年に当選したイスタンブール市長時代から、スンナ派イスラーム主義に立脚する言動と政策で世俗主義勢力と幾度か衝突を繰り返している。二〇一六年七月のクーデター未遂で国内のギュレン派を一掃して強硬姿勢を示したが、アラブ諸国が沈黙する中、ロヒンギャ問題、パレスチナ問題、シリア難民問題で具体的な救済策を講じていることもあり、ス

ンナ派世界においては依然としてカリスマ性を示している。

＊15　八紘一宇　『日本書紀』の「掩二八紘一而為レ宇」に由来し、天下をひとつの家のようにすることを意味する。戦前や第二次大戦中、日本の海外侵略を正当化するスローガンとして用いられた。軍や政界に隠然とした影響を与えた日蓮主義の国柱会の田中智学もしばしばこの言葉を用いた。

＊16　十字軍　一一世紀末から一三世紀にかけ、カトリック教会の教皇や国王主導で八回（回数は諸説ある）にわたり展開された西ヨーロッパのキリスト教徒による軍事遠征。イスラーム勢力下の聖地エルサレム奪還を主眼とした。第一回十字軍では聖地を占領しエルサレム王国を建国するものの、ユダヤ教徒やイスラームに対する敵視、破壊、殺戮《さつりく》、略奪をともない、結局失敗に終わる。だが、文化的先進地域であったイスラーム世界との接触はそれらの文化の受容および西ヨーロッパ社会と都市の発達を促し、ルネサンスを用意して、中世社会終焉《しゅうえん》のきっかけともなった。なお、当時のイスラーム世界では十字軍は重大視されなかったが、現在では遡及的に、西ヨーロッパの帝国主義、植民地主義的侵略の先駆との見方が定着しており、アルカイダも「十字軍に対するジハード」を訴えている。

第七章　破滅的な核戦争を防ぐ智慧《ちえ》を持てるか

ネーション・ステートは最大の暴力装置

中田　橋爪先生はキリスト教世界の立場から、私はイスラームの法学者の立場から、互いの歴史的な問題や戦争観、そして共存の道を探る意見を交換してまいりましたが、私自身としては戦争のない平和な世界がいいとは必ずしも思っておりません。

人類と戦争は切り離せませんし、戦争がすべて悪いというわけではない。戦争は政治の一部ですから、あまり特別視して絶対悪視するのは意味がないと思っています。むしろ、そういう思想はかえって危険で、暴発の恐れがあります。戦争は犯罪があるのと同じように必ずあるということです。ただ、それをどうコントロールするかが問題なのであって、悪だからなくそうということではない。

フランスの社会学者エミール・デュルケーム[*1]によれば、犯罪は病態ではなく普通に存在するもので、それがある時期に突出して増えることが問題だと言っています。戦争も同じです。第一次世界大戦、第二次世界大戦を通じて数千万単位の人間が死ぬというのは異常な戦争です。戦争がいけないのではなく、異常な戦争がいけない。戦争に関してはそのようにリアリスティックに見るべきだと思っています。

ですから、一神教が好戦的で、多神教の日本はそうではないという話ではありません。一神教的な戦争というのは当然あり得るわけですが、一神教がとくに好戦的というわけじゃない。問題は、一神教にせよ、多神教にせよ宗教ではありません。そうではなくネーション・ステートが非常に攻撃的な暴力装置であって、それを近代が暴発させ、非常に危険なものにしてしまったのです。核兵器もそのひとつです。その分、いま、警戒するべき時期に来ているとは思っています。

橋爪先生は、この対談の最初に、ネーションの暴力装置は平和国家を維持するためのものだとおっしゃった。これはそのとおりで、ネーションの持つ暴力装置が強大になると、暴力、戦争が起きにくくなります。核兵器もそうで、その威力があまりに強いと、戦争は抑止される。この考え方が基本にあると思います。その意味では、ネーション・ステートは非常に強力な暴力を持っていることによって平和を実現しているわけです。

しかし、そういう利点があるとしても、ネーション・ステート自体がテロ機関だという事実から目を逸らしてはならない、と申し上げたい。そこは橋爪先生と最後まで意見が収斂《しゅうれん》しないところです。ネーション・ステートはテロによって暴力を抑えるシステムだと私はとらえております。

いまの中国やロシアは、抵抗勢力をすべてテロだとみなし、国家の方針に逆らう人間を弾圧し、恣意的な支配を正当化しようとしています。ネーションの暴力装置が強くなると、そういう方向にいきやすくなります。そこは十分に警戒しなければいけないと思います。そのためには、テロという言葉も暴力装置という言葉も、価値中立的に使うべきだと私は思っています。

橋爪　一神教と戦争について考えてみます。

戦争とは、「暴力によって、自分の意思を、相手に押しつけること」だという、古典的な定義があります。これによると、個人と個人の間の暴力行為も、戦争であると言えてしまいます。ネーション・ステートができる前は、紛争を解決するため、至るところでこのような戦争が行なわれていました。個人と個人の間、集団と集団の間の暴力行為は、広義の戦争ですね。

しかし、ネーション・ステートが成立してからは、個人や集団が暴力に訴えて問題を解決してはいけない、それは法が解決する、としました。法は立法者が決めます。ある領域（領土）の中では、その法に従いなさい、と全員に強制します。法は実効的です。なぜ実効的かといえば、法に従わない場合、強制力によって法を実現する手段として、政府が、警察や軍隊を有しているからです。ネーション・ステートは、そういう手段を独占しているわけなので、国家は暴力装置だと言っても間違いではありません。それは、誰もが認めることです。

するとここに、皮肉な逆説が生まれます。

このやり方だと、戦争をする能力がある主体は、国家だけになってしまいます。他の主体は、戦争をする能力がなく、何かあっても法的な措置を求めて訴えを起こすことができるだけです。これがいわゆる法治国家であり、市民社会です。

では、国家だけが戦争を起こす能力があるとして、どういうときに戦争を起こすのか。誰が戦争を起こすと決めるのか。ともかくも、国家が戦争を起こすと決めた場合、それを止めることができる存在は、国家の他にはいないということになります。

誰が戦争を実行するのか。それは、国家が雇用した専門職員である、軍人です。ふだんから軍人はいますが、戦争になると、人数が足りないので、きみ、軍人になりなさい、と命令（徴兵）したり、志願者を集めて、政府のフルタイムの臨時職員として、戦争に行かせたり、というやり方もあります。戦争を行なうのは国家でも、実際に戦場で戦うのは、市民の中から選抜された人間です。

国家が戦争をする時、戦場で戦う人びとは、個人的な動機で戦うわけではないですね。個人が勝手に暴力を振るっている場合には、必ず、個人の利害や憎しみが動機になっています。その動機が解消してしまえば、暴力はやみます。相手が降参して謝罪したり、弁償したりすれば、暴力行為を止めることができます。

しかし、国家が戦争をする場合はどうか。国家に命令されて戦争している人びとは、自分の個人的な動機とは無関係に戦っています。相手が憎くて殺しているわけではなくて、職務だから戦争している。国家が主張するその戦争の正当性に疑問を持ったとしても、個人として戦争を止めることはできない。戦争がいやだとしても、戦争行為をやめることもできない。このやり方は、国家と国民の間に、戦争の与える職務に従事することは正しい、という合意がなければ、成り立ちません。

戦争は、神のわざか、人のわざか

橋爪　戦争は誰が起こすのか。人が起こすのか、そうではないのか。一神教では、神のわざと人のわざを分けることが、とても大事です。キリスト教、ユダヤ教もそうですが、イスラームもそうですよね。
中田　基本的にそうですね。
橋爪　さて、神のわざでなければ、人のわざです。
人は自由意志があって、欲望も利害もあるから、勝手なことをします。そして、人間の集合体である国家も、勝手なことをします。ならば、戦争は人のわざに見えます。では戦争は、本当に人のわざなのか。

一神教は、人のわざを通じて、神の意思が実現すると考えます。神が知らないところで、人が勝手に自分の自由意志で何かをする、ということはありえないと考える。どんな人の意思や行為も、必ず神の支配に服していると考える。そうすると、個々人の争いも神がそうさせていることになるし、国家が戦争する場合にも、神の意思がそうさせていることになります。つまり、神が望んでいる場合だけ、戦争が起こるということになる。

一神教がそういうものだとすると、すべての戦争は、神の意思で起こります。そうすると、戦争が起こった場合、戦争に従事するのは、人間の義務です。政府に対する義務である。市民としての義務である。それは神に対する義務であるということです。ここまではいいでしょうか。

中田　イスラームの場合も、神は全宇宙の創造主ですから、すべての戦争が起こるのは神の意思だと考えます。これは確かにそのとおりです。ただ、それらの戦争が良いものであり、義務になるかというと、それは別です。そもそもイスラームにはイスラーム法があって、しかもその法は属人法ですから、戦争に対する意味づけが出てくるので、すべてが正しいというふうにはなってきません。

例えば異教徒同士が戦争する場合でも、どちらが正しくて、どちらが悪いとはいえない。ふたつの国があって両者が争っている時、神がふたつの敵対する勢力をつくることで、そのバランスによって正義が守られるという考え方もイスラームにはあります。ただし、これは異教徒同士の戦争であるので、それを正しいかどうかということをイスラーム教徒は考えません。

しかし、そこには神の英知が働いているという考え方ですべての戦争の意味づけができるということです。そこははっきりとイスラーム教徒の場合とそうじゃない場合が分けられます。

イスラーム教徒の場合には、それがジハードであれ内戦であれ、主体的にそれをどうするのかということが問われていきます。そしてどうするのかを決めるために神の意思を読み解いていく。イスラームはそういう考え方を取ります。

橋爪　ユダヤ教の聖典（旧約聖書）には、たくさんの戦争が描かれています。例えばイスラエルが王制になって、ダビデやソロモンといった王様が出てきます。その王様たちや、イスラエルの民が、偶像崇拝をしたり、いろいろよくないことをして罪を犯すと、神は怒ります。怒って、罰として、バビロニアのネブカドネザル王に命じ、攻めて来させる。

さて、ネブカドネザルがヤハウェに命令され、イスラエルの民を懲らしめるために攻めてきた場合、これを迎え撃っていいのだろうかという問題があります。迎え撃つことは、神の意思に逆らうことにならないだろうか。でも、王様は、外国が攻めてくれれば、国を守る義務があるので、イスラエルの民を兵士として召集して、砦《とりで》に立てこもって戦います。その結果、イスラエルは戦争に負け、主立った人びとは捕虜になってバビロンに連れていかれます。キリスト教では、こうした戦争のプロセス全体の中で、神の意思が実現していると見るわけです。イスラエルの民はバビロンに捕囚されて、六〇年もつらい捕虜生活を余儀なくされていた。するとと今度は、ペルシャのクロス王がバビロンをやっつけ、イスラエルの民を捕囚から解放してくれた。これもまた神の計画で、神の意思だと考えます。国を滅ぼされ、捕囚となって、六〇年後にやっと解放されて、何がわかったか。この世界を神が支配しているということ、神に背けば罰せられるということ、それでも神に祈りをささげていると、神が救いの手を差し伸べてくれるということ。そう人びとが認知して、やはり神は偉大だ、とますます信仰が強まった。そこまで含めて神の計画であると見るのが、ユダヤ人の考え方です。

イスラーム教徒も、旧約聖書は十分熟知していますので、こういう考え方を踏まえていると思います。

中田　そうですね。ある程度ございます。イスラームの場合は、すべての戦争にそこまでの意味づけはしませんが、基本的には神の意思としての意味があることは認めています。例えばイスラーム初期にローマとペルシャの戦争があって、ローマが勝ちますが、これは一神教を信じるローマが偶像崇拝のペルシャに勝ったという形で意味づけられているので、基本的にはそのとおりだと思います。

戦争の勝敗と正しさは無関係

橋爪　戦争は必ず、両当事者がいて、それぞれ自分こそ勝利をえようと思って戦うわけです。どちらが正しいのか、事前には、そして事後にも、わからないのですね。勝ったほうが正しいということでもないし、正しくても負けてしまう場合がある。だから、勝敗と正しさとは無関係なのです。正しさというものがもしあるとすれば、その規準は一神教の場合、神の意思がどうであったかによる。けれど、その神の意思は、すぐには明らかになりません。戦争の結果や歴史の推移から推測する他なく、これは非常に難しい問題だと思います。

中田　イスラームの場合、宗派同士の内戦になると、どっちが正しいのかよくわかりませんので、その問題が出てきます。神はどちらに正当性があると判断するのか。スンナ派とシーア派が分かれて、さらにハワーリジュ派[*2]という別の宗派が出てきますが、神の意思がどの宗派にあるのか、それはわかりません。その宗派も自分の派がいちばん正しいと主張しているわけですが。どちらの宗派が勝っても負けてもそれは神の意思であったということになるのでしょう。

橋爪　そう、神の意思でないことは決して起こらないということですね。戦争というのは両軍がないと成立しません。そしてその両軍が真剣に戦わないと戦争にならないし、真剣に戦った結果、片方が勝ってもう片方が負けますが、それも神の意思だということです。

中田　それはそうなりますね。

橋爪　そうすると、これは逆説的な言い方になりますが、戦争に絶対的な正しさがあるというふうには考えないほうがいい、ということです。つまり、勝ったからといって正しいわけでもない。そして初めから片方が正しいかどうかも、よくわからない。

戦争をする能力がある王様が複数いる。そして、戦争が起こる。戦争する能力がある国民国家が複数ある。そうすると、戦争が起こる。これをとめる方法はありません。

中田　ヨーロッパでは、国民国家ができたあとに、国際秩序ができたわけです。その前提にあるのは、キリスト教国だけが文明国であって、その文明国間だけに戦争法を含めた国際秩序ができ上がるという考え方です。そこには慣習法があるので、イスラーム教国であっても、ある程度和平の対象にはなりますが、基本的にはキリスト教世界だけに通じる国際秩序です。

前にも申しましたが、イスラーム教徒同士の間には、ジハードはあり得ません。ただし、内戦は起こり得る。これはイスラーム法の中できちんと区別されて、戦争法がふたつに分かれて記されています。女・子供を殺してはいけないというのは、ジハードのほうの規則です。

そもそもイスラーム教徒同士は、どちらが正しいかという規準はないのです。いまはばらばらになってしまいましたが、イスラーム世界にはカリフがいます。そのカリフに対して、自分たちのほうが正しいと言って戦争を起こすのが内戦です。キリスト教世界では、クーデターや内戦を起こした人間はすぐテロリスト扱いされますが、イスラームでは誰かが自分たちは正しいと言って内戦を起こした場合、まず、カリフの側が当事者の意見を聞く義務があります。きちんと相手と交渉しなければいけない。これはイスラーム法ではっきりと明言されていることなので、カリフの側、つまり権力のあるほうが交渉者を送ります。それで和解が成立しない時には戦争になりますが、内戦を起こした側が軍を引いた場合は、追撃をしてはいけないという規則もあります。戦争になれば、人が死んだり、物が壊れたりしますが、その損害賠償もありません。戦って終わり。その結果、どちらが正しかったとは言わない。イスラーム法ができた時代から現代までずっとそれで来ているのです。

どちらが正しかったかもなければ、勝ったも負けたもありません。やめればそれでおしまいです。責任を問われないのですね。キリスト教の世界観からは、机上の空論に聞こえるでしょうが、ベースはそういう考え方です。

戦争の実態は「勝ったほうが正義」

橋爪　何か違う気がします。

どこが違うかと言えば、キリスト教のシステムには、戦う権利というものがある、と思います。ギリシャの国家も、ローマの国家も、イスラエルの国家も、ゲルマンの王様や貴族も、みんな戦う権利（戦闘員資格）を持って、各地に割拠していたわけです。彼らは、戦う主体でした。イスラームの内戦とは違うと思います。戦う資格を持つ者同士が戦闘をするのが、戦争です。キリスト教国同士は戦争をしていいのですよ。戦争してはいけないという考え方が、もともとないのです。

中田　イスラームの場合は、神に従うことは大前提でありますが、実際には神自身は地上に姿を現しませんので、預言者がいる時にはその言葉に従います。預言者がいなくなった後には、預言者の代理人に従うことになる。それがカリフになるわけです。カリフは一人しかいませんので、本来は全員が従う義務がある。その意味で戦争をしてはいけないのです。しかし、カリフが間違った時にどうするかという問題が出てきます。イスラームには、制度的な教義決定者がいないので、カリフが間違っている、自分たちのほうにこそ真理があるといった時には、真理は神の命令ですので、戦争をしなければならなくなります。

しかし、片方が神の命令だと言って正義の戦いを主張しても、もう片方、つまりカリフの側から見れば内戦になりますね。

橋爪　片方から見れば内戦だということは、その内戦を起こした当事者には、戦闘員資格がないということですよ。

中田　カリフのほうから見るとないですね。

橋爪　キリスト教徒の戦争は、内戦以外の場合、必ず双方に戦闘員資格があるという前提で戦います。だから、和平になった場合には、戦争が終わったということを双方で確認し、契約を結びます。戦争が終わったから終わりではなく、和平条約を結んで、紛争の種を解決し、領土はここまでとか、賠償金はいくらとか、そういうことを双方協議のうえ決める。それで、平和に復帰する。

中田　現実にはイスラーム世界でもそういうやり方が普通です。しかし、理念上は、どちらが正しいか、資格があるかどうかを決めるのがイスラーム法学者なので、戦後処理的な契約にはなりません。ダブル・スタンダードに聞こえるかもしれませんが、先生がおっしゃるように、実際には条件が決まって、和平条約を結びます。しかし、本来は法学的に解決するのが正しいという話です。そこはやっぱりキリスト教的価値観とは違います。法を決める主体が国家であるという考え方と、それを決めるのはあくまでも法学者であり、イスラーム法であるという考え方の大きな違いだと思います。

橋爪　キリスト教同士の戦争の場合、法学者なんかまるで出番がないですよ。何が正しいか決めるのは、強いほうが決める。強いほう（戦争に勝ったほう）が相手を拘束し、契約や条約を相手に押しつけて実現し、それが正義になる。昔もいまも、キリスト教の戦争はずっとそれでやってきました。

社会契約に近かったマディーナ憲章

中田　イスラームでも実態はそれに近いのですが、やはり理念上は違うのですね。実はイスラームでも七世紀初頭に、いまの西洋の社会契約に近いマディーナ憲章というものがありました。それまでの社会は、先ほども申し上げましたが、国家を持たない遊牧民が部族の論理で勢力均衡を保っていたわけです。それがうまく行かなくなり、預言者ムハンマドが国家元首として呼ばれ、イスラームの国家が創設されます。その時にできたのがマディーナ憲章です。

マディーナ憲章とは、ムハンマドに司法、行政、外交の最高決定権を委ねて、対外的には団結して外敵にあたる集団安全保障、対内的には無差別復讐システムの廃止、犯罪者の引き渡しと罰則の規定、信教の自由、正義の原則、財産権の保障、戦費負担の義務などを定めたものです。当時のアラビア半島において国家はなかったので、マディーナ憲章は、国家を創設するための社会契約で、西洋の社会契約に非常に近いものだったと思います。

その頃は、ユダヤ教徒の部族もいましたし、イスラーム教徒でない人たちもいました。そういった異教徒もすべて含めて平等だとして、それが全員一致することによってできたイスラーム最初の国家です。ムハンマドを統治者とするマディーナ憲章によって、それぞれの宗教共同体は、安全が保障され、信教の自由も保障され、財産権も保障されることになりました。

ところが、この制度は一〇年ほどで崩れてしまいます。イスラームの歴史家によれば、ユダヤ教徒がその契約を破ったことが原因とされ、その結果ユダヤ人たちは追放されてしまいます。ご存じのとおり、いまのマディーナ、メッカはイスラームの最大の聖地ですが、異教徒禁制の地ですので、ユダヤ教徒はおりません。

その次に出てくるのが、異教徒にはイスラーム教徒とは違う権利と義務があるとしたズィンミー（庇護民）制です。これはイスラームの国家が成立して秩序ができた後の話です。異教徒に対しても、あなた方がこちらのルールを認めて、税金を払いさえすれば、生命と財産と名誉は守られるという制度です。認めないのであれば、戦争をするか、出ていくか、どちらかですよと相手に選択させる。このズィンミー制が後のイスラーム帝国における異教徒との共存の制度となります。

このふたつの制度はまったく違うものです。最初につくられたマディーナ憲章は、西欧的なものに近く、刑法だけはイスラーム法ですが、制度自体は異教徒にも平等でした。だから、異教徒たちにも戦争ができる権利があった。異教徒たちも武器を持って戦争にも行けたのです。

しかしズィンミー制になると、異教徒たちは全員武装解除されます。その代わり、彼らを守るのがイスラーム教徒の義務となります。イスラーム教徒に彼らを守る力がなくなれば、税金も返す。そういうシステムに変わったわけです。ということで、マディーナ憲章の時代はごく短かったのですが、いま、トルコやインドネシアなどの国では、初期のイスラームにあったマディーナ憲章を使って、現代の民主主義に近い形ができるのではないかという議論も出てきています。ただし、それはその後のイスラームの歴史、カリフ制の歴史とは軸が少し異なるものなので、議論は大きく分かれるところだと思います。でもイスラームのいちばん初期まで戻るとムハンマドの社会契約制度があり、それは西洋の国民国家の契約の概念にかなり近いものだったということです。

橋爪　しかし最初の出発が、キリスト教とだいぶ違いますね。

中田　全然違います。

橋爪　キリスト教世界ではまだその頃は、社会契約などありません。神の意思によって立てられたという王様の権威だけが複数あって、キリスト教徒はそれぞれの王様にくっついて従っていた時代です。権威というのは、戦争をする権限でもありますから、勝手に戦争し放題。キリスト教世界に社会契約説が出てくるのは、ずーっと後になってからです。

中田　マディーナ憲章が社会契約だとすると、その後のズィンミー制は統治契約です。これは社会契約とはまったく異なるものですが、一応異教徒との契約という形でずっと続いていきます。

マディーナ憲章ができる前のメッカもマディーナも、互いの部族が牽制《けんせい》し合うことで成り立っていたので、キリスト教における権威や権限に当たるものはイスラームには存在しなかった。その意味で、おっしゃるように成り立ちがまったく違うのですね。

アラブ、イスラームの場合は、アラブ社会の中から内在的に出てきたものですが、キリスト教は、ローマの中でユダヤ教という異分子があったところに出ていますので、普通の社会の発展からいうと、かなり異質な形の展開を遂げているような気がします。

橋爪　いろいろお話を聞いて、イスラームとキリスト教では成り立ちから進化の仕方まで、すべて違うなと感じました。

第二次世界大戦の戦後が終わりつつある

中田　先生に最後は締めていただいて、簡単に私のほうから、橋爪先生とのお話の感想を述べさせていただきます。私を含めましてこの本の読者の世代は、第二次世界大戦に敗れた日本で、西欧によって民主化された、あるいは洗脳されて去勢された特殊な時代を生きてきたといえます。しかし、いま、もうそれが通用しない時代に来ていると思います。

第二次世界大戦で多大な犠牲を出して敗れたことは、日本人にとって大きなトラウマとなって残りました。私の母親も、もう戦争は金輪際嫌だと、そればかり言っていますが、それはおそらくは実感だろうと思います。それはアメリカとの戦闘だけではなく、戦時体制も含めて体験的に戦争は嫌だということでしょう。戦後生まれは、教育の中でも、戦争は絶対悪であり、二度と戦争は繰り返してはいけないと教えられてきました。それが左翼思想とも結びついて、戦後の言論界と知識人と言われる人たち、インテリ階級の支配的な主張になっていたのが、だんだんそのメッキがはがれ始めたのではないかと私は感じています。そこでもう一度、いまの世界秩序をつくってきた一神教の世界を少し引いた眼《め》で見てみると、普遍を誇っていた西欧社会、キリスト教世界の秩序が揺らぎ始めていることが透けて見えます。それはヨーロッパで生まれたものですが、西欧という完結した社会の中ではなく、ロシアがあって、イスラーム世界がある中で生まれてきた。その中で西欧社会は、他国を植民地化し、無理やりナショナリズムを押しつけ、それを管理することによって繁栄してきたのですが、その体制は第一次世界大戦で大きく崩れてしまいます。

第二次世界大戦後は、アメリカとソ連という、どちらも西洋起源の普遍主義のふたつのイデオロギーが競合して、一応世界全体をそれなりに管理してきた。それも崩れて、それぞれの文明圏がそれぞれの独自性を訴えるようになってきている。それに対して、アメリカも西洋社会も、もはや管理する力も術もなくなっていて、各地で戦争や地域的な紛争が起きている。しかも現実的な核戦争の危険も出ている時代に我々は生きているわけです。

これまでのような戦争は絶対悪だという言い方ではなく、もっとリアルに現実を認めた上で、その中で適用可能な理念をもう一度再構築しないといけない、考え直さなきゃいけない時代になっていると思います。そのために、国民国家という枠ではなく、さまざまな人間を包摂しうるイスラーム的な考え方が、破滅への道を防ぐ考え方のひとつのヒントになるのではないかと私はみております。

橋爪先生は第三次世界大戦が起こる可能性がかなり高いと見ていらっしゃるようですが、本当に戦争が起こったら、日本もガラガラポンで全部変わってしまうでしょうし、これからのことはまったく予想がつきません。その辺はどうお考えですか。

核が用いられる危険は、高まりつつある

橋爪　日本人が戦争についてあまり考えてこなくてすんだのには、ふたつ理由があると思います。ひとつは、最終兵器とも言うべき核兵器が開発されて、その抑止効果がとても大きいと思われたからです。いったん開戦になって、核兵器を双方が使うと、どちらの国も大きなダメージを受けることがほぼ確実です。核兵器を持っている国同士は、原則として戦争しないということが強く期待できます。この状態が冷戦だったわけですが、冷戦が終わった後も、責任ある核保有国は戦争をしないだろうという信頼によって、戦争の心配をあまりしないですんだ。これが第一ですね。

もうひとつは、戦勝国であるアメリカが、アメリカの国益によって、日本国に関与し続けた

ことです。保障占領をし、戦後改革をし、日米安保条約を結んで、米軍基地を置き、日本を勢力下におさめて、核の傘の中に入れた。

冷静に考えて、アメリカと戦って勝てる国はいない。そこで、アメリカが保護下に置いている日本に対して、戦争を仕掛ける国も存在しない。そうした日米安保条約のおかげで平和が続きました。その状態を自明の前提とするなら、それ以上ものを考えても平和にもっとプラスになることはないので、何も考えないことが習性となってしまった。

このふたつの理由をきちんと認めるのが、本来のリアリズムだと思うのです。でも、日本人はあまりリアリズムが好きではないようで、憲法九条のおかげで、日本人が戦争のことを深刻に反省したから、平和が守られている、といったストーリーができ上がっている。しかし、このストーリーは現実からちょっとずれています。実際には、いま述べたような、核兵器の抑止力とアメリカの国際戦略によって、幸運にも日本の平和が維持されたのだと思います。

次に言えるのは、核拡散によって、核抑止力が怪しくなってきたことです。

プルトニウムなど原爆の材料には闇市場があって、世界的に流通しています。これがテロリストの手に渡る可能性が当然あります。そんなものが手に入れれば、核爆弾の製造までいかなくても、ダーティー・ボム[*3]などで放射性物質をばらまく行為は、やろうと思えばすぐできます。

テロリストの手にこうした大量破壊兵器が渡った場合、躊躇なく使われる可能性が高い。なぜなら、テロリストは責任ある核保有国とは違って、領土も人民も国益もないからです。領土と人民と国益があれば、それを守るために、合理的に行動しなければなりませんが、テロリストにはそんな合理性は皆無です。あるのは、政治的要求だけ。いや、その政治的要求さえ、ないかもしれない。ただの宗教的信念かもしれないし、クレイジーな自己顕示欲求だけかもしれない。そのために核兵器を使う可能性があるわけなので、これは十分警戒しなければならないと思います。

テロリストによく似たものとして、冒険主義的な独裁国家、もあります。とくに、小国の独裁国家は、国内には対抗できる勢力がないので、その最高権力者は何でもできるわけですが、国際的に見れば、自由になる資源は極めてわずかです。そのなけなしの資源をすべて核開発に投入して、核兵器を手に入れた場合、国力に見合わないとても大きな政治力を手に入れることが可能になる。独裁国家には、核開発は合理的な選択にみえるはずです。小さな独裁国家が独力で核兵器体系を開発して、核保有国になってしまった場合、大国はどう反応すればいいのか。実は、それをとめる方法はないのです。一度核兵器が配備されてしまえば、排除する方法もない。排除するには戦争する以外になく、戦争をすれば、その小国家を地図から消してしまうことは可能ですが、消される前に大暴れして、大国のほうもかなりの傷を負いかねない。戦争が合理的でなくなってしまうので、手を出しにくくなります。

そうすると、その独裁小国家は、どれぐらいの要求を吹っかけることができるでしょうか。それは、べらぼうな金額になる。核戦争が起こった場合の被害の上限に近いところまでの、要求ができると思います。これはかなり膨大な政治的要求です。それに近いことが、いま起ころうとしています。それが成功例となると、すべての独裁的な小国は、核保有を選択するはずです。で、どんどん核保有国が増えていく。そして核戦争の可能性が、高まると思います。今世紀中に核戦争が起こる可能性を、覚悟したほうがいいのかもしれません。

このようにいま、世界は転換しつつあります。この良くないシナリオを回避するためには、相当賢明な行動が必要です。賢明な行動とは、戦争の可能性を織り込んだ分析と理解と将来予測をしっかりやることです。それは、考えることを放棄してきた日本がいちばん苦手としてきたことです。でもそれをしないと、国際社会の中で自分の針路を見つけることができないのです。

中田　それはおっしゃるとおりだと私も思います。どういう風の吹き回しか、いま、その危険極まりない独裁小国家と、大国のトップであるトランプ、習近平が友好的な関係になりつつあります。そこはどう見ますか。

橋爪　戦争をする場合は、最後まで友好的な雰囲気を保っておくというのは、とてもいいことです。

ある専門家は、中国がアメリカの意を汲んで北朝鮮に働きかけるのは、アメリカが戦争を準備していると確信した場合に限られる、と分析していました。なるほど、と思います。

中田　むしろ友好的なほうが戦争に突入する可能性が高いということですね。

橋爪　世界を見渡してみると、核保有国の大半は一神教の国です。そうでない国はインドと中国だけです。世界がどうすれば破滅しないで済むか。「最後の審判」の日を迎えないで済むか。そのカギは、核、戦争、一神教、これを組み合わせてそのメカニズムを考えることにある、と私は思っています。そのメカニズムについて中田先生と議論してきたわけですが、読者の皆さんには、その先をぜひ、真剣に考えていただきたいと思います。

＊1　エミール・デュルケーム　一八五八年生―一九一七年没。社会学者。オーギュスト・コントの実証主義より出発し、社会的事実を客観的に考察する科学としての社会学の方法論を確立した。主

な著書に『社会学的方法の規準』『自殺論』『道徳教育論』など多数。

＊2　ハワーリジュ派　大罪を犯したムスリムは背教者とみなし処刑されるべきであるとするなど、厳格主義のイスラーム最初の分派。アリー及びシリア総督でのちにカリフとなりウマイヤ朝を興すムアーウィアの双方と対立し、アリーを暗殺した。

＊3　ダーティー・ボム　「汚い爆弾」。プルトニウムなど放射性物質を通常爆弾に詰めて爆発させるなどし、放射能を拡散して敵と敵地にダメージを与える兵器。核兵器を製造するよりはるかに安上がりで、高い技術力も必要としない。

おわりに

中田 考

「神がいなければすべては許されている」とは『カラマーゾフの兄弟』のイワンの言葉である。人間の所業と心中のすべてを見通し、最後の審判であらゆる悪事を裁き永遠の罰を下すことができる全知全能の正義の神を措定せずして、どうして人間が悪を犯すことを防ぎ社会に秩序をもたらすことができるだろうか。どんな犯罪もばれなければ何の問題もない。いや、たとえどれだけ多くの人を殺して捕まったとしても、「人権」の名の下に死刑を廃止したヨーロッパでなら、殺されることも痛い思いをすることもなく、衣食住を保証されて平穏に生きていくことができる。

そもそも善悪の最終審級が、裁判所であり、そこで適用される法律であり、それを執行するのが刑務所、つまりは国家なら、国家権力を握っていれば、好きなように法律を作り、勝手な解釈で判決を下し、法令を見て見ぬふりをして勝手に振る舞うこともできる。

もちろん、政教分離を果たした近代西欧の歴史は、この国家という名の怪物リヴァイアサンを飼いならすための試行錯誤の積み重ねであり、「国家」それ自体を筆頭に、「憲法」、「三権分立」、「法治主義」、「主権」、「代表制」、「人権」、「民主主義」などの西欧政治学の概念は、そのために考え出されたフィクション（擬制）である。しかし市民革命の時代にリヴァイアサンを鎖につなぐために考案されたこれらの概念装置も数世紀を経て制度疲労を起こしている。

単なる物理的暴力を独占するだけでなく、その権力を背景にインターネット上の情報、官民のさまざまな機関が収集したビッグデータを手にし、マスメディアを支配下におさめて意のままに情報操作を行なう現代の国家権力に対して、個人は無力である。

実のところ「国家」とは人を欺く「名前」に過ぎず、「国家」の名の陰に隠れて実際に人びとを支配しているのは政治家であれ、官僚であれ、裁判官であれ、ただの人間に過ぎない。戦争もまた、国家が起こすのではない。国家の名をかたる一人の人間が戦争を引き起こす。国家が戦争を行なうのではない。上官から出征を命じられ動員された兵士が前線に赴き引き金を引くのである。自らが血を流すこともない者が「国家元首」、「軍最高司令官」として国家の名の下に戦争を引き起こし、そんな者が下した命令によって名もなき兵士たちが他人の、そして自分の血を流すことになる。

国家権力による懲罰しか信じない「無神論者」、「世俗主義者」が、そのような戦争を引き起こしうる国家権力を握ったら、権力を恣《ほしいまま》にしないということがあるだろうか。人間に立法と政治を行なう主権を授けようとする無神論者、世俗主義者、民主主義者などが権力を握る世界は悪夢に他ならない。

我々は悪夢に耐えて目覚めていなければいけない。では、どうすれば悪夢に飲み込まれずにいられるのか。

それにはまず、自分だけではなく、誰もが悪夢にうなされていることに気づくことである。最終戦争、ハルマゲドンのヴィジョンを共有するユダヤ教、キリスト教、イスラームの他者の世界が自分たちにとって悪夢であるように、世俗化された自分たちの世界が、他者にとってはすべてが許されるイワン・カラマーゾフのニヒリズムの悪夢に他ならないことを知らなければならない。自分たちだけが悪夢を見ているのではなく、他者もまた同じような悪夢にうなされながらも、なんとか現実と折り合いをつけている。グローバリゼーションとは地上の誰もが他者に悪夢を見る時代相の謂《いい》なのである。

他者の世界が自分たちにとっての悪夢であるのと同じように、自分たちの世界が他者にとっての悪夢であるなら、自分たちの世界の現実が他者の悪夢とは異なっているように、自分たちが見ている悪夢もまた他者の現実とは異なっているに違いない。そして悪夢としての他者の世界が他者の世界の現実とは異なるとしても確かにその未来の可能性のひとつであるように、他者の悪夢が自分たちの世界の現実とは異なるとしても、自分たちの未来のひとつの可能性を指示していることを直視しなければならない。

世俗主義、民主主義の世界は、人間が神の座を簒奪《さんだつ》し、自由を奪う法律を次々と制定して人びとを隷属させ支配するディストピアに違いない、との一神教徒が取り憑《つ》かれた悪夢は、西欧、そして日本の現状とは異なっていることを、我々は知っている。それはなぜか。夢と現実の違いはどこにあるのか。それは現実の世界が、痛みを感じる生身の人間の物理／身体的（フィジカル）な触れ合い、非言語的コミュニケーションを含む相互コミュニケーションの総体であり、コミュニケーションの失敗のフィードバックによる修正を加えつつ不断にバージョンアップされているのに対して、悪夢のディストピアは、言語的、非言語的文脈を欠いた断片的な言葉から構成されたバーチャルリアリティーだからである。つまり悪夢のディストピアは、他者の世界の語用論（プラグマティクス）的意味の深みの次元を欠き、言葉の辞書的な意味論（セマンティクス）的意味の次元だけからなるため、一面的で平板な影に過ぎないのである。

それゆえ悪夢に飲み込まれないためには、まず他者についての寄せ集めの情報を自分の世界観の枠組みの中で悪夢のディストピアに組み立てることをやめ、他者の世界に足を踏み入れ、参与観察により、他者の言動の語用論的意味を読み解かねばならない。ただし、悪夢から覚めるための参与観察には徹底したリアリズムが求められる。それは大量殺人を犯した凶悪な「テロリスト」であってさえも、その人生の九九・九九パーセント以上の時間、人生の大半を「普通の市民」として生きている、つまり「テロリスト」とはたとえ日常的にいかなる過激な言葉を吐き続けていようともその「本質」ではなく、「コンティンジェント（偶発的）」なものでしかないという「事実」をありのままに見つめ、いかなる先入見をも排してその事実から他者像を新たに組み替えることなのである。

オースティン[*1]は言語行為に関して、契約の言葉や挨拶の言葉のようにその言葉を述べること自体が述べられた目的を達する行為である「発語内行為（illocutionary act）」と、その言葉を発することで世界に働きかけ何かの出来事が起こることを目指す「発語媒介行為（perlocutionary act）」を区別した。例えば権限を有する国家元首が特定の場で特定の文言に則って発する宣戦布告は「発語内行為」であり、それ自体が戦争の開始を意味するが、私人が「某国を殲滅する」と言ってもそれは開戦ではなく、単なる希望の表明や憂さ晴らしでしかなく、たとえ国家元首であってもテレビで「某国の首都を火の海にする」と言ったのであれば、それは開戦を意味せず、相手国になんらかの政治的要求を認めさせるための威嚇に過ぎない。

我々は他者の世界で参与観察を行ない、先入見を排して彼らの言説を厳密に分析し、言葉と事実の混同を避けることで、悪夢の現実化に一定の歯止めをかけることができるだろう。しかし我々に求められるのは他者の悪夢に向き合いその現実化を防ぐことだけではない。他者の目に映った我々の悪夢と向き合うこともそれと同じほどに重要である。確かに我々は自分たちの語る言葉の語用論的意味を暗黙に理解してコミュニケーションを行なっているのであり、それがとりもなおさず自分たちの世界に生きるということである。その意味において、自分の世界においては、事実と悪夢の混同は確かに起こりにくい。しかし自己の世界に埋没し、語用の惰性に微睡《まどろ》む者は、「ロゴス（言葉・理）」の持つ現実形成力を軽んじ忘れることで、現実の変化に気付くのが手遅れになり、悪夢が現実に変わるのを防ぐことができない危険がある。

言葉の現実形成機能は「神の言葉（ダーバール、ロゴス、カリマ）」が世界を創りだす、と考えるユダヤ教、キリスト教、イスラームのような一神教においてとくに顕著であるが、神道の言《こと》霊《だま》信仰にもみられるように人類に普遍的に存在するものであり、一神教に限らず儒教や仏教のような経典を有する宗教や、『資本論』や『毛沢東語録』などを有する共産主義や人権宣言などの文書を有する近代的なイデオロギーにも存在し、間歇的《かんけつてき》に「原理主義」運動として暴発する。

他者の目に映る自分の世界の悪夢を覗《のぞ》いてみることは、それが語用論の調律を経ないことで当該文化の論理構造の骨格の特徴を誇張する形でデフォルメしてわかりやすく浮き彫りにしているために、「原理主義」の出現の危険に気付かせてくれる。

最後に、悪夢に飲み込まれないために最も重要なことは、他者との共生の予定調和を夢見ず、他者の悪夢と自己の悪夢にどれだけ知力の限りを尽くして誠実に向き合おうとも、悪夢が現実化する可能性をゼロにすることは決してできない、という冷徹な認識を貫くことである。

そもそも政治とはダモクレスの剣の下に座り続けることであるが、近代西欧は、人民主権と民主主義の名の下に、パンドラの匣《はこ》を開け、全人類を政治の世界に引きずり込み、ダモクレスの剣の下に立つ恐怖に晒《さら》した。我々はこのダモクレスの剣の恐怖に耐え続けなければならない。

その恐怖から逃れ危険をゼロにしようとすることは、理解を超えた他者を敵として抹殺することに他ならず、いったんそのプロセスを作動させてしまえば、それはとどまることなく強迫的に自分たちの中に危険な差異を見出《みいだ》して、敵として異化し排除し続け、遂には人類が区別のつかない同一のクローンの群体になるまで終わることはないからである。

ユダヤ教、キリスト教、イスラームという三つのセム系（アブラハム的）一神教は時として激しく対立、競合しながらも協同して啓蒙のプロジェクトを推し進めてきた。しかし一九世紀以降の我々が生きているこの現代世界は、市民革命と産業革命を成し遂げ「戦争に長《た》けた」近代西欧キリスト教文明の直接の産物である。本書で橋爪先生はヨーロッパの歴史社会学とキリスト教の思想史の該博な知識に基づき、この近代西欧キリスト教文明が成功をおさめた諸要因を解き明かすとともに、その成功の裏に潜む問題性、危険性をも浮き彫りにされたが、イスラームはそれに対するオルタナティブを提示することができるのではないか。

本書が読者諸賢に、自己と他者の悪夢に飲み込まれず、ダモクレスの剣の下で目を逸らさず現実に立ち向かう勇気と希望を与える一助となれば、筆者にとって望外の幸せである。

＊1 ジョン・L・オースティン　一九一一年生―一九六〇年没。オックスフォード大学教授。日常言語学派の主要人物の一人で、発話行為（言語行為）についての先駆的な研究で知られる。ルートヴィヒ・ウィトゲンシュタインと並ぶイギリスの言語哲学の重要人物。

構成／宮内千和子

橋爪大三郎（はしづめ だいさぶろう）

一九四八年生。社会学者。東京工業大学名誉教授。著書に『ふしぎなキリスト教』（大澤真幸との共著／講談社現代新書）、『戦争の社会学』（光文社新書）、『クルアーンを読む』（中田考との共著／太田出版）等。

中田　考（なかた こう）

一九六〇年生。イスラーム学者。同志社大学客員教授。著書に『イスラーム　生と死と聖戦』『イスラーム入門』（以上、集英社新書）、『一神教と国家』（内田樹との共著／集英社新書）、『カリフ制再興』（書肆心水）等。

一《いっ》神《しん》教《きょう》と戦《せん》争《そう》

二〇一八年一二月一九日　第一刷発行

集英社新書〇九六〇C

著者……橋《はし》爪《づめ》大《だい》三《さぶ》郎《ろう》／中《なか》田《た》　考《こう》

発行者……茨木政彦

発行所……株式会社集英社

東京都千代田区一ツ橋二-五-一〇　郵便番号一〇一-八〇五〇

電話　〇三-三二三〇-六三九一（編集部）
〇三-三二三〇-六〇八〇（読者係）
〇三-三二三〇-六三九三（販売部）書店専用

装幀……原　研哉

印刷所……凸版印刷株式会社

製本所……加藤製本株式会社

定価はカバーに表示してあります。

ISBN 978-4-08-721060-6 C0214

Printed in Japan

a pilot of wisdom

その未来はどうなの？　橋本 治
荒天の武学　内田 樹／光岡英稔
武術と医術 人を活かすメソッド　甲野善紀／小池弘人
不安が力になる　ジョン・キム
冷泉家 八〇〇年の「守る力」　冷泉貴実子
世界と闘う「読書術」思想を鍛える一〇〇〇冊　佐高 信／佐藤 優
心の力　姜 尚中
一神教と国家 イスラーム、キリスト教、ユダヤ教　内田 樹／中田 考
伝える極意　長井鞠子
それでも僕は前を向く　大橋巨泉
体を使って心をおさめる 修験道入門　田中利典
百歳の力　篠田桃紅
釈迦とイエス 真理は一つ　三田誠広
ブッダをたずねて 仏教二五〇〇年の歴史　立川武蔵
イスラーム 生と死と聖戦　中田 考
「おっぱい」は好きなだけ吸うがいい　加島祥造
アウトサイダーの幸福論　ロバート・ハリス

進みながら強くなる ——欲望道徳論　鹿島 茂
科学の危機　金森 修
出家的人生のすすめ　佐々木 閑
科学者は戦争で何をしたか　益川敏英
悪の力　姜 尚中
生存教室 ディストピアを生き抜くために　内田 樹／光岡英稔
ルバイヤートの謎 ペルシア詩が誘う考古の世界　金子民雄
感情で釣られる人々 なぜ理性は負け続けるのか　堀内進之介
永六輔の伝言 僕が愛した「芸と反骨」　矢崎泰久・編
淡々と生きる 100歳プロゴルファーの人生哲学　内田 棟
若者よ、猛省しなさい　下重暁子
イスラーム入門 文明の共存を考えるための99の扉　中田 考
ダメなときほど「言葉」を磨こう　萩本欽一
ゾーンの入り方　室伏広治
人工知能時代を〈善く生きる〉技術　堀内進之介
究極の選択　桜井章一
母の教え 10年後の『悩む力』　姜 尚中

集英社新書　好評既刊

政治・経済――A

- 中国経済　あやうい本質　浜　矩子
- 静かなる大恐慌　柴山桂太
- 闘う区長　保坂展人
- 対論！　日本と中国の領土問題　横山宏章／王　雲海
- 戦争の条件　藤原帰一
- 金融緩和の罠　藻谷浩介／河野龍太郎／小野善康／萱野稔人
- バブルの死角　日本人が損するカラクリ　岩本沙弓
- TPP黒い条約　中野剛志・編
- はじめての憲法教室　水島朝穂
- 成長から成熟へ　天野祐吉
- 資本主義の終焉と歴史の危機　水野和夫
- 上野千鶴子の選憲論　上野千鶴子
- 安倍官邸と新聞　「二極化する報道」の危機　徳山喜雄
- 世界を戦争に導くグローバリズム　中野剛志
- 誰が「知」を独占するのか　福井健策
- 儲かる農業論　エネルギー兼業農家のすすめ　金子　勝／武本俊彦
- 国家と秘密　隠される公文書　久保　亨／瀬畑　源
- 秘密保護法―社会はどう変わるのか　宇都宮健児／堀　敏明／足立昌勝／林　克明
- 沈みゆく大国　アメリカ　堤　未果
- 亡国の集団的自衛権　柳澤協二
- 資本主義の克服　「共有論」で社会を変える　金子　勝
- 沈みゆく大国アメリカ〈逃げ切れ！　日本の医療〉　堤　未果
- 「朝日新聞」問題　徳山喜雄
- 丸山眞男と田中角栄　「戦後民主主義」の逆襲　佐高　信／早野　透
- 英語化は愚民化　日本の国力が地に落ちる　施　光恒
- 宇沢弘文のメッセージ　大塚信一
- 経済的徴兵制　布施祐仁
- 国家戦略特区の正体　外資に売られる日本　郭　洋春
- 愛国と信仰の構造　全体主義はよみがえるのか　中島岳志／島薗　進
- イスラームとの講和　文明の共存をめざして　内藤正典／中田　考
- 「憲法改正」の真実　樋口陽一／小林　節
- 世界を動かす巨人たち〈政治家編〉　池上　彰
- 安倍官邸とテレビ　砂川浩慶

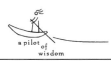

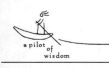